まえがき

「日本の伝統」がブームです。

ちまたには「伝統本」があふれています。伝統といわれると無批判に「そうなんだ」と思いがちですが、由緒や生まれた理由も知らないことが多いのではないでしょうか？

「海苔おにぎり」は日本人のソウルフードのように思われていますが、海苔の養殖っていつから行われていたんでしょう？　海外の人も、日本で楽しみなのは「スシ！」と言う方が多いですが、どうしてにぎり寿司って全国どこでも「江戸前」なんでしょう？「魚離れ」っていわれますが、本当ですか？

私たちは「初詣」に当たり前のように行きますが、いつから、なぜ行くようになったかご存じですか？　お盆やお彼岸にお参りする「お墓」って、いつからああいう石の塔なんでしょう？　「正座」はどうして「正しい姿勢」なのですか？

ご存じない方が多いと思います。

全部この本に書いてあります。

きっと驚くと思います。そのあまりの新しさ、そして「伝統」になった理由に。

「伝統」というと、もう神代の昔からあるように思いがちです。日本は歴史のある古い国、という思い込みもあります。

実は日本の「伝統」なんてちっとも古くありません。日本は「古い国」なんかじゃありません。新しくどんどん変わり続けてきた国なのです。この本を読めばよくわかります。

私はこれまで、「江戸歩き案内人」として、江戸・東京の街に残るさまざまな歴史の痕跡をご紹介してきました。江戸城や大名屋敷、神社仏閣、明治以降の軍の遺構などです。

ご紹介のために勉強するなかで、「伝統」についてのさまざまな真実を知りました。「戦後の習慣だったのか」「政府の押しつけた風習じゃないか」「日本のものじゃないのね」などということがたくさん出てきました。

しかし世の中には、そんなことも知らずに「伝統」を吹聴する人や、ときには「伝統」に乗っかる政治家などがたくさんいるのを目にします。

これは捨て置けません。

「江戸歩き案内人」の仕事からは、ややはみ出た観がありますが、「伝統」とは何か、日本の本来の姿は何か、そしてどうして今このように暮らしているのか。知るべき歴史、由来があるという点では共通する部分があります。

この本を読めば、きっと目からウロコが落ちます。

さて「目からウロコが落ちる」は日本のことわざでしょうか？

それも書いてあります。

最後に、ここでご紹介した内容は、すべてそれぞれの専門分野で地道な研究を続けていらっしゃる方々の成果を、わかりやすくまとめたものです。それらのみなさんのお仕事の上にこの本は成り立っています。そうした多くの方に敬意を表しつつ、この本をお贈りします。

第1章 私たちが囲む毎日の食卓

第2章

四季折々の なじみ深いならわし

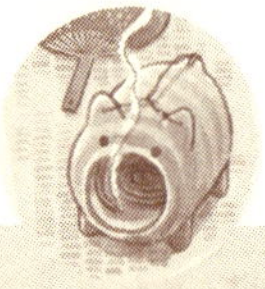

第3章

伝統に根差した生活スタイル

第4章

懐かしさあふれる風土と風習

第5章

日本人を象徴する独特の美意識

私たちが囲む毎日の食卓

第1章

三角海苔おにぎり

みんなが食べられるようになったのはイギリス人女性のおかげだった！

おにぎりを幼稚園ぐらいのお子さんに描かせたら、たいていの子は三角形の下側に黒い海苔が巻かれた絵を描くでしょう。でも、そんな日本人の「ソウルフード」といってもいいおにぎりの姿、実は意外なほど新しかったのです。

高級品だった海苔

今ではおにぎりと絶妙なコンビの海苔ですが、一般庶民の食卓に頻繁に登場するのは実は戦後しばらくしてからのことです。長らく、海苔養殖は大規模に安定して行うことはできませんでした。それは、海苔の生態が謎だったためです。もちろん、海苔養殖自体は江戸時代から行われていました。その中心は江戸で、「浅草海苔」とのブランドが生まれ、有名になりました。ただし、実際に養殖していたのは、江戸近郊の大森や葛西あたりです。

この江戸時代の養殖は経験と勘に頼ったもので、海に沈めた「海苔ひび」という細かく分かれた木の枝などに、海苔が繁殖するのをただ待つだけでした。このため海苔の生産は不安定で、「運草《うんぐさ》」などと呼ばれるほど、収穫量は年によってまちまちでした。たくさんは取れませんから当然高級品で、海苔がお歳暮などの贈答品として今も使われているのは、こうした高級で貴重なものだったころの名残りを留めているのですね。

海を渡ってきた海苔の養殖技術

海苔の生態で謎だったのは、「秋から冬にかけて『海苔ひび』など養殖網で成長する前、夏はどこにいるのか？」ということ。

その謎を解明したのは意外な人物でした。日本から遠く離れたイギリスの女性藻類学者キャスリーン・メアリー・ドリュー＝ベーカーだったのです。

彼女は戦時中に、イギリスの海岸で拾った貝殻に黒い海藻がついているのを発見。それを研究した結果、黒い海藻は海苔の「糸状体」というもので、これが秋になって貝を飛び出して成長することを突き止めたのです。１９４９（昭和24）年のことでした。

彼女はその発見を、つい先ごろまで敵国であった日本の研究者に手紙で知らせました。

日本人が海苔を食べ、さらに戦争の混乱などで日本の海苔養殖が危機に瀕していたことは知っていたはずです。実は、世界で海苔を食べるのは日本人ぐらいなのです。

この手紙がきっかけで、海苔養殖の技術は急速に進みました。カキの貝殻に海苔の胞子を入れて成長させ、それを網で養殖させる方法が確立されます。こうして1960年ごろから海苔の生産量は急増し、安価な大衆食品となったのです。

ドリューは研究の無理などがたたって1957年、日本での海苔養殖の大成功を見ることなく56歳で世を去りました。日本一の生産量を誇る有明海を臨む熊本県宇土市の神社には、ドリューの顕彰碑が建ち、毎年「ドリュー祭」を開いて、その業績を称えています。

三角の形は国定教科書の絵の影響

さて、おにぎりの形についても、三角が一般的になったのはごく最近のことです。平安時代には「屯食《とんじき》」などと呼ばれましたが、形はボールのように丸く、大きさも1合半と巨大でした。明治になり陸軍の携行食となったおにぎりも、1合をまん丸に握りました。

このように明治時代まで、おにぎりは丸か俵型が当たり前でした。昔話「おむすびころりん」でおにぎりが坂を転がるのは、当然、形が丸かったからです。

それがある日一転、三角が主流になります。明治になって始まった学校教育の結果でした。1903（明治36）年から定められた国定教科書に「さるかに合戦」のお話が登場します。その挿絵に書かれたおにぎりが三角だったのです。

なぜ、教科書のおにぎりが三角形に描かれたのは定かではありません。ただ、それ以降、子どもたちが家で「教科書の三角のおにぎりを作って！」とおねだりしたのか、三角おにぎりがどんどん広まっていきます。

それにしても絵に描かれただけで、なぜ三角が丸を駆逐したのでしょう？

まず言えるのは、三角形のおにぎりは食べやすいということです。三角の頂点をかじれば口の回りは汚れません。また三角のおにぎりは転がらないので置きやすく、同じ量の米で作ると一番大きく見えるため、商品として売るには好都合でした。

そんなことで、ひとたび三角おにぎりのメリットを知ってしまうと、「丸」には戻れなくなってしまったのです。ちなみに、外国人に「ご飯を握っておにぎりにして」と注文すると、まず間違いなく丸く握るそうです。丸く握るのは人間の習性で、三角は知恵の結果というわけですね。

おせち

お正月の卓上を彩るごちそうのルーツはデパートにあり

お正月の楽しみの一つはおせち料理ですよね。日本古来の伝統料理を楽しめる数少ない機会ですから。お正月ぐらいは昔通りでねえ、と思いますが、実は今のような豪華な重箱ぎっしりのおせち料理は戦後からのようなのです。

お正月の保存料理が「おせち」に

「おせち」とは古代からあった「御節供（おせちく、おせつく）」や「節会（せちえ）」の略で、宮廷などでの季節行事の際に出される料理のことです。ですから、節句に出す料理すべてが本来は「おせち」でした。また、お正月の料理には、新年を迎えるために年神様に食べものをお供え物する、という大事な目的がありました。

お正月に神様に捧げる料理を江戸末期には「食積《くいつみ》」と呼びました（関西では「蓬莱《ほうらい》」）。

三方の上に白米を敷き、勝ち栗や昆布、伊勢エビ、のしあわびなどを置いてユズリハを飾ったりしました。しかしこれは飾るだけで、別に重箱に入れた料理を用意したようです。中身は江戸では黒豆、田作り、数の子が一段ずつぎっしり詰まって三段になっていました。

明治になると、各家庭で作られた保存の利く煮物料理が来客などに振る舞われるようになり、こちらを「おせち」と称し、先の重箱に詰めた料理を「食積」と呼んだ、という記録があります。「おせち」「食積」の中身が混乱しており、お正月の「おせち」と「食積」が一緒になって今の重箱詰めの「おせち」に近くなっていくようです。しかし戦前まではこうした正月料理はあくまで家庭で用意するもので、真心込めて作ったものを神様や来客に振る舞う、といった意識のものでした。

戦後になるとこれをデパートなどが売り出し、次第に豪華な料理を少量ずつ、重箱に美しく盛るような形になります。これが「おせち」=正月料理との認識が広まったきっかけともいわれています。今では、コンビニでも注文おせちを売るようになりましたね。

こうなると、お正月休みに家事の手間を省きながら、普段より豪華でしかも保存が利く料理を味わってゆっくりする、というふうにその意味合いもまったく変わってしまいました。もてなすのは神様から来客、そして自分たちに、というわけです。

出汁

明治になってようやく広まった日本料理のベース

日本料理の命は「出汁」といいますね。海外では意識されなかった第5の味覚、「うま味」を生む源です。しかし、広く利用されるのは明治以降です。

北前船で届くようになった昆布

出汁といえば代表は昆布と鰹節ですね。昆布は今も昔も主産地は北海道です。遠方から運ぶので、煮出して汁を取るなどというもったいないことはしませんでした。

江戸時代になって蝦夷地《えぞち》が幕府の支配下に入ってくると、「北前船《きたまえぶね》」と呼ばれた日本海を西回りで本州を巡り、大阪へたどり着く航路が開拓されます。これで昆布が関西に入りやすくなりました。すると、料理書などにも「だし」という言葉が現れたのです。

煮干しは明治中ごろ、シイタケの大量生産はようやく戦時中から

17世紀も後半になると「合わせだし」の作り方も考案され、鰹節も使われてきたことがわかります。しかし当時の鰹節は単純に乾かす、あるいは火でいぶしただけのものでした。その後、土佐で木の煙でいぶす方法が考案され、今の荒節に近いものができました。また運んでいる途中、カビに悩まされるのですが、悪いカビがつく前にいいカビを生やして売る方法も編み出されます。当初は1回カビをつけるだけでしたが、遠隔地に運ぶ際には何回もカビが生えてしまいます。するとそちらのほうがおいしいことに気づき、19世紀になって何回もカビを生やしては削って乾燥を進め、うま味を増す今の枯節が誕生します。

ただ、昆布や鰹節を出汁に使っていたのは料理人で、江戸時代は裕福な武士や商人だけが楽しめるものでした。こうした出汁の使用法が一般に伝わるのは明治になってからです。

また煮干しは18世紀、瀬戸内海地方の発明で、明治中ごろからようやく関東などで生産が始まります。シイタケは19世紀の料理書に出汁の取り方が書かれていますが、栽培法が大変難しく、大量生産できるようになったのは、実に1942(昭和17)年のことでした。

出汁は試行錯誤の末、ようやく最近、誰もが楽しめるようになった食文化なのです。

魚料理

日本人の魚好きは、果たして本当なのか？

日本の食の特徴の一つとして、魚をたくさん食べることがよく挙げられます。その一方で、「近年若年層を中心に『魚離れ』が進行しています」といった声も根強くあります。ふーん。でも魚をたくさん食べるのは、本当に日本の伝統だったのでしょうか？

魚を食べる量のピークは平成時代

統計で見てみましょう。2014（平成26）年に日本人一人が食べた魚の量は平均27・3キロでした。魚を食べる量がもっとも多かった2001年は40・2キロでしたので、ずいぶん急に減っていますね。13年間で3分の2になった計算です。

2001年が魚の消費量のピークでしたが、その前はどうだったのでしょう。高度成長真っ盛りの1970（昭和45）年は31・6キロ。さらに10年さかのぼる1960年は27・

8キロ。あれ？　最近と同じくらいですね。いやいや戦前はたくさん食べていたのでしょう。1930年はというと……13・7キロ！　時代が違いますから一概に比較できませんが、世界的に見ても低い数字で、とても魚食民族とはいえません。

そうです。魚離れといいますが、それはたかだか、ここ十数年のこと。20世紀の日本人は、戦時中を除いてほぼ一貫して魚を食べる量を増やしてきました。統計でわかる一番古い1911（明治44）年のデータでは、わずか3・7キロしか食べていません。平成時代の1割程度で、しかもこの数字には鯨類と海藻も含まれています。

日本人がたくさん魚を食べるようになったのは戦後、しかもピークは平成なのです。

また最近の魚離れには注意が必要です。そもそも日本人の食事の量が減っているのです。2001年には1年で405キロの食べ物を食べていましたが、2013年は368キロと、1割ほど減っています。これは高齢化や飽食の反省が理由として考えられます。ですから、魚だけでなく他の食料の消費も減っており、増えているのは肉類ぐらいなのです。

数万円もする高級品だった「初鰹」

確かに日本人は、縄文の昔から魚介類を食べてきました。貝塚などから魚の骨がたくさん出てきます。しかし、「食べていた」ことと「たくさん食べていた」ことは違います。明治時代ぐらいまでは魚は高価で、なかなか食べられるものではなかったのです。

その理由は簡単。保存技術がなかったからです。江戸時代に冷蔵庫はありません。家庭に電気冷蔵庫が普及したのは戦後であることはみなさんもご存じだと思いますが、家庭だけではなく当然ながら業務用もありませんでした。漁船にも、漁港にも、市場にも、魚屋にも冷蔵庫はなかったのです。

ですから明治・大正ぐらいまで、魚は近くの海で獲って、いそいで水揚げしてすぐに食べる。これしかできませんでした。

江戸の風俗でよく話題になる初鰹ですが、あれは鎌倉沖あたりで獲れたものを、「押送《おしおくり》船《ぶね》」という手こぎの高速船で急いで江戸に運び、現代の価値で数万円もの値段で売ったのです。有名な北斎の浮世絵「神奈川沖浪裏《かながわおきなみうら》」で波に翻弄されているのが押送船です。

「いや干物があるでしょう」とおっしゃる方がいるかもしれません。しかし、本当に保存が利く干物は時間もかかれば、塩などの調味料も必要で、加工費が加わってしまいます。ですから、鮮魚よりさらに高価になってしまうのです。江戸前のにぎり寿司のネタも、しょうゆ浸けや煮る、酢で締める、茹でるなどして日持ちを良くしていました。今のように生の鮮魚を食べていたわけではないのです。

昔のタンパク源は安価な貝類

江戸時代中期ごろの江戸での魚の値段を見てみると、カレイ、サケ、サワラなど、みな1匹1万円以上。タコで4000円、イカ1000円ぐらいだそうです。今と比べてはるかに高いですね。安かったのはイワシ120円、ハゼ100円などです。またカモなどは1000円ほどで、鳥類のほうが安いくらいでした。

一方で貝類は豊富だったようです。これは江戸前の砂浜でたくさん獲れるうえ、貝は獲ったあとも生かしておくことが可能だったからです。アワビなど1500円と今よりはるかに安いうえに大物でした。以前、遺跡の発掘で子どもの顔ほどの大きさのアワビを見たことがありますが、江戸時代はこのサイズが普通だったそうです。

貝塚はその名の通り、遺物の大部分は貝です。浜辺で簡単に獲れる貝は重要なタンパク源でした。魚は船や網がないと獲れません。魚は貴重な食べもので、だからお祝いに鯛を飾る習慣ができたのでしょうね。

1日3食白いご飯

日本人の食卓は、どのように変化していったのか？

日本は「米の国」「瑞穂の国」といわれるように、主食は米ですね。1日3食しっかりお米を食べないと力が出ない、という方もいらっしゃるでしょうし、栄養の観点から3食食べる、という方も多いでしょう。しかし、今のように1日3食食べるようになったのは江戸時代からで、さらに白米3食となると明治以降のことなのです。

1日2食を基本にさまざまだった食事回数

食事の習慣は、時代や階層、職業でさまざまなので一概には言えないのですが、江戸時代中ごろまで、おおむね日本人の食事は1日2食が普通でした。

その2食は朝食、夕食の場合が多かったようです。食事を自分で作るわけではない貴族などは、規則的に朝夕でした。夕食はその名の通り夕方、今の午後3時、4時に食べたよ

うです。

これは、中世以前は日が昇れば起き、沈めば寝るという生活だったためで、貴族が酒宴などをする以外は、日が沈めば寝るのが当然だったからです。

2食では体が持たない重労働の大工とか、戦に出た武士などはお腹が空いたら食事をしていたようで、規則正しく食事を取るという意識もあまりありませんでした。

また食料の生産量も少なかったので、1日2食以上食べる余裕もなかったようです。飢饉になれば1日1食は当たり前で、ときには何日も食事ができません。

貴族や武士は米を主食にしていたようですが、普通の農民はアワやヒエなどの雑穀の粥が主食でした。ただし、現代のように肉や魚、野菜が豊富ではなかったので、主食の量が多くなり、1日5合ぐらい食べるのも当たり前でした。

お米が大増産された江戸時代

こうした2食の習慣が変わってくるのが江戸時代です。平和になって新田開発が爆発的に進んだ江戸時代初期に水田は急激に増え、米は大量に作られ人口も急増します。そして新田開発や木綿生産の拡大などのため、農民は仕事量が増えます。そうなると1日2食では足りなくなって間食が多くなります。

「茶の子」（朝食前の軽い食事、「お茶の子さいさい」の語源）、「小昼」（朝と昼の間の軽い食事）、「おやつ」（八つ時＝午後3時前後に食べる軽い食事）など、せっせと働くため、食事回数が増えたのです。

さらに江戸時代になると菜種油の生産量が増え、夜も仕事ができるようになります。するとお腹が減るので夜食も食べるようになります。ですから軽い食事も含めると、1日6食にもなってしまうことがありました。元禄のころといわれています。

こうした食習慣は武士や町人にも広がりました。有名なのは忠臣蔵の赤穂浪士たちの食事です。吉良上野介を討ち取ったあと、四十七士は4つの大名家にお預けになるのですが、その当時の食事が記録されています。

ある家では「朝夕二汁五菜、昼茶菓子、夜食一汁三菜」といった食事が出されていました。このように朝夕に夜食が加わるという形で、3食の習慣が広がっていったようです。

ただ、江戸時代は不定時法で季節によって昼の長さが違います。その季節ごとに食事の回数を変えており、やはり腹が減ったら食べるという状況で、食事回数は人によってまちまちだったようです。

夢の白米3食腹一杯は軍隊で実現

これが規則正しく1日3食となるのが明治以降です。まずは軍隊。集団生活ですから食事の時間は全員同じで、原則1日6合の白米を食べました。今から考えると信じられない量ですが、副食が少ないのと運動量が多いので、これぐらいは食べられてしまいます。

そして軍隊の最大の売りが「1日3食白米腹一杯」でした。徴兵制は初めは強い抵抗に遭いますが、これを押し切れたのは白米のおかげです。明治までは米が食べられず雑穀を食べていた層、きちんと食事を食べられなかった人たちが多く、徴兵された兵士には「自分だけこんないい食事を食べて申し訳ない」という意識まであったそうです。

そして義務教育が始まり、勤め人も徐々に増えることで、お昼の決まった時間に昼食をとる習慣が定着していきます。小学校でみんなが給食を食べるようになるのは戦後で、戦前は大部分の子は弁当持参でしたが、昼食を食べる時間は一緒でした。役所や会社は、やはり昼食時間が決まっているところが多くなります。

こうして12時にお昼ご飯ということを軸に、朝ご飯を食べ、晩ご飯を食べるという習慣が明治以降に定着したのです。

お寿司

なぜ、全国どこでも「江戸前寿司」なのか？

お寿司は、ちょっとぜいたくな国民食ですよね。今やお寿司と言えば「江戸前」のにぎり寿司ですが、実はにぎり寿司が発明されたのは江戸時代も終わりごろ。寿司全般の歴史はもっと古いのですが、なぜか全国どこへ行っても江戸じゃないのに江戸前って、どうしてなのでしょう？

本来は発酵食品だったお寿司

お寿司の歴史はかなり古いものです。発祥は東南アジアともいわれますが、本来は魚と米を混ぜて発酵させたもので、魚だけを食べていました。滋賀県名産の「鮒《ふな》寿司」のようなもので、日本でも奈良時代ごろには文書に出てきます。

もともとは魚の保存の意味で発酵させたのですが、作ってから食べるまでときには何カ

月もかかります。そのため発酵を早める工夫が加えられ、麹《こうじ》を加えたり、酢を入れたりするようになりました。さらに発酵を省略し、酢飯と魚を合わせて葉でくるんだだけのような「早寿司」や「押し寿司」が生まれます。これは室町時代以降、酢が普及したことも影響しています。

そして江戸時代も後期、文政年間（1820年ごろ）になって、江戸でにぎり寿司が発明されたのです。酢を加えた飯の上に、客の目の前で魚の切り身を載せて押さえただけのものでした。

以前の寿司からすると、発明というよりむしろ手抜き料理ですね。気の短い江戸っ子の性分に合った江戸前のにぎり寿司の誕生です。「江戸前」はもちろん東京湾のこと。そこで獲れた魚を使ったことによります。

江戸末期の「にぎり寿司」が大人気に

このにぎり寿司は爆発的に人気を呼び、江戸時代のうちに関西にも伝わります。しかし押し寿司や箱寿司、いなり寿司のようなものもあり、当初から全国どこでも寿司屋といえば江戸前にぎり、となったわけではありません。

時代が下って明治に入り冷蔵技術が進むと、魚をしょうゆ漬けにしたり酢で締めたりする必要がなくなったため、ネタの種類も増えます。

さらに、にぎり寿司が全国に広がる契機の一つとなったのが関東大震災だったそうです。被災した寿司職人の多くが故郷に帰り、そこでにぎり寿司を広めたといわれています。

そして、決定的な〝事件〟が起きたのが戦後のことでした。

食糧不足だった1947（昭和22）年、政府は「飲食営業緊急措置令」というものを出します。統制品だった食料があまりに闇市に流れるので、その大口利用者である外食をすべて禁止して、食べものの流通を統制下に置こうとしました。そして、なんと全国の飲食店を営業禁止としたのです。

この命令を守ろうとすると廃業しなければなりませんが、ほとんどの店は「裏口営業」と称し、こっそりと店を続けました。

しかし、寿司店はもっと積極的に打って出たのです。

にぎり寿司は戦後、「委託加工業」として生き残った！

東京の寿司商組合はこのとき、「客が持ってくる米を加工して提供する委託加工業なら問題ないだろう」と役所と交渉し、なんと認めさせました。

ただし条件があり、「客が持ってくる米1合につき、寿司10貫または巻物4本まで認める」というのです。

米1合で10貫しか握れないとなるとかなり大きな寿司になりますが、それはともかく問題なのは、この決まりでは「にぎり寿司」か「巻き寿司」しか考慮されていないことです。東京の組合が交渉したので、まあ、当然といえば当然なのですが、「江戸前にぎり」で営業する店しか、念頭にありませんでした。

つまり戦後のこの時期、寿司屋が営業を続けるためには「江戸前にぎり」を標榜する店にするしかなかったのです。

そこで、この抜け道に全国の寿司屋が飛びつきました。こうして寿司屋といえば全国どこでも、江戸前の海はなくても「江戸前寿司」と名乗るようになり、にぎり寿司ばかりが出るようになったのです。

ラーメン

大人気国民食は戦後政治の産物だった!?

「ラーメン」は今や「日本の国民食」などとも言われます。ルーツは中国にありますが、中国の「拉麺」とはまったく別物です。日本で進化したこの大人気メニューの誕生には、なんと戦後政治が絡んでいたのです。

明治維新後の中国人街にルーツあり

「日本で最初にラーメンを食べたのは?」

「水戸光圀!」

というのはクイズでよく聞くやりとりですが、これは水戸光圀に中華麺らしきものが献上されていたらしい、という推測から来ているもので、確かではありません。しかも、このころの中華麺はラーメンではなく、おそらく「うどん」に近かったと思われます。

中華麺が本格的に日本に入ってくるのは明治維新後です。神戸や横浜に中国人街ができ、彼らが食事をする中国料理店のメニューに麺類もあったようです。

1884（明治17）年には函館の店で「南京そば」が出された、との広告があるようですが内容はよくわかりません。現在、日本のラーメン元年といわれるのは1910年とされることが多いようです。

この年、浅草に麺料理を中心とした店「廣東支那蕎麦 來々軒」がオープンしたのです。店は大変繁盛し行列ができたそうで、以後各地に同様の店が増え、大正の終わりごろにチャーシュー、メンマ、ネギなどが入った今のラーメンの基本ができあがりました。

「シナ」という呼び方は実質禁止に

一方、肝心の名前ですが、戦前は先の「南京そば」や「シナそば」という名前が普通で、「ラーメン」という名前はありません。

それが変わるのが戦後間もなくです。

敗戦国となった日本は、戦勝国である中国（当時は中華民国）から、「シナ」という呼称をやめるよう要望されます。こうした要望は実は戦前からずっとあり、外務省などはシナではなく国名の「中華民国」を使っていました。

敗戦後に要望を受けた外務省は、外交文書だけではなく、世の中から「シナ」の呼称をなくすよう動きます。

1946(昭和21)年6月、主要新聞雑誌に「支那の呼称を避けることに關する件」という文書を出し、今後メディアで「シナ」という言葉を使わないように求めました。これは内閣、議会、裁判所にも送られ、以後日本では公的に「シナ」の言葉を使うことがなくなったのです。

そこで困ったのが「シナそば」です(まあ、どこまで本当に困ったかはわかりませんが)。「シナ」がダメなら「中華民国」の「中華」ということで、「中華そば」の名が生まれます。

あの大ヒット商品がきっかけで「ラーメン」に

以降、「中華そば」の名が定着しますが、大転機となるのが世界に誇る日本の大発明「インスタントラーメン」の登場です。発明したのは中国人(台湾生まれ)だった安藤百福さんですが。

世界初のインスタントラーメン「チキンラーメン」は、1958年に発売されました。

お湯をかけるだけで食べられる「魔法のラーメン」としてたちまち評判となり、これをきっかけに「中華そば」が「ラーメン」と呼ばれるようになります。

ちなみに「ラーメン」という名称のもととなったと思われる「拉麺」は、中国では手延べ麺のことで麺類の一種でしかありません。切ったり、製麺機で作ったりしたものは「拉麺」ではないので、日本の「ラーメン」は本当はたいてい「拉麺」ではありませんね。そのため、中国では日本のラーメンを「日式拉麺」と呼ぶそうです。

しかし、「ラーメン」という呼び名が生まれたおかげで、ラーメンは日本の国民食の枠を超え、今や「世界食」になりつつあるといえるのではないでしょうか。

東南アジアでのインスタントラーメン人気や、最近の欧米でのラーメン店人気は「シナそば」という名前では通用しなかったはずです。訳してしまえば〝Chinese noodle〟で、これでは日本発とはなりませんからね。

恵方巻き

芸者遊びから始まった節分の夜の新しい食習慣

関東地方など東日本にお住まいのみなさんのなかには、近年、年明けのコンビニで「恵方巻き」がさかんに売られているのを見て、「これ関西の風習でしょ?」と怪訝《けげん》に思っている方も多いと思います。確かに関西発の風習ですが、その裏には驚くべき歴史がある、いや、ないのです。

発祥がはっきりしない「恵方巻き」

恵方巻きは7種の具材の入った太巻き寿司のこと。節分の夜にその年の恵方を向きながら無言でかぶりつくと1年いいことがある、といわれています。切ったり、はしで食べたりしてはいけません。

古くからの風習で、目を閉じてとか、福を巻き込むとか、7種の具材は七福神だなどと、

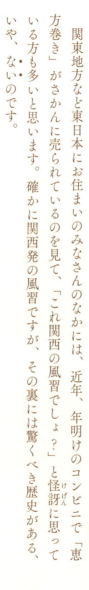

もっともらしい説明を聞くこともあります。

その起源にも諸説あって、古くは豊臣秀吉の武将がうんぬんなどというものもありますが、海苔巻きに使う板状の海苔が発明されるのが江戸時代になってからなので、これは怪しいですね。江戸時代の大阪の商人が始めたとか、いやいや大阪近郊の村の習慣だったなどいろいろあります。

ルーツはちょっと〝お下品〟な遊びだった!?

きちんとした文字資料として初めて現れるのは、1932（昭和7）年のこと。大阪鮓商組合が作ったチラシでした。

そこには「節分の日に丸かぶり」（かぶりつく）とのタイトルで「恵方に向いて無言で壱本の巻寿司を丸かぶりすれば其年は幸運に恵まれる」とあり、また「この流行は古くから花柳界に、もて囃されてゐました」とも書いてありました。

「花柳界にもて囃され」とあるように、客が若い芸者に巻き寿司をくわえさせて喜んだ、ちょっと〝お下品〟な遊びだった、という話もあります。今だったらグラビアアイドルにバナナでしょうか。

まあ、要は最初の文字資料が巻き寿司のチラシで、業界の販促という時点でなんだか怪しいですね。

実は大阪の人や寿司の専門家でもあまり聞かない習慣で、ごく一部で行われていたものの戦前はさほど広まりませんでした。

それが大きく変わるのは戦後です。海苔の大規模な養殖が可能になり、1970年代には輸入せずに国内産でまかなえるようになりました。すると今度は値崩れしないように消費拡大が必要です。

そこで登場するのが今度は海苔の組合。

大阪海苔問屋協同組合は戦後間もなくから「丸かぶり寿司」のPRをしていましたが、1976年に「丸かぶり寿司の早食い競争」などのイベントを開き、「古くからの風習」として宣伝したのです。

わずか20年にも満たない新しい「風習」

さて読者のみなさんはお気づきかと思いますが、ここまで見てきても「恵方巻き」という言葉は使われていません。

説明したように、以前は「丸かぶり寿司」とか「節分の巻き寿司」などと呼んでいたのです。

そして、いよいよ「恵方巻き」の登場です。

節分の日に巻き寿司を食べる風習が少しずつ知られたことで、大手コンビニエンスストアチェーン「セブン-イレブン」の広島のある店舗が提案し、店で売ることにしました。これは同社のサイトにも書いてあります。

そのネーミングが「恵方巻」でした（セブン-イレブン商品は「き」を送らない）。これが好評で、同社は1998（平成10）年に全国展開を始め、一気にメジャーな「風習」になったのです。他のコンビニもあとを追い、今やスーパーなどでも節分前に大々的に売られています。

ともあれ、おそらく大正時代ごろに生まれたちょっとエッチな「風習」。それが「縁起がいい」と言われると弱い、現代日本人のツボを突いた「商法」に変身したことにより、大成果を収めることになったのですね。

「いただきます」

食事前の大事な習慣は実は昭和に生まれたものだった！

最後にあいさつについて考えてみましょう。

食事の前に「いただきます」というあいさつ（号令？）を言うのは、世界でも日本だけのようです。訳しづらい日本語の代表としても、よく挙げられますね。

「これぞ、世界にまれな日本人の美しき心根の発露！」というように、したり顔で解説しているサイトなどもありますが、実は習慣化したのは極めて最近なのです。

家族そろってこその「いただきます」

「いただきます」という言葉自体は古くからありますが、それは「召し上がれ」「いただきます」といった会話のなかの言葉であったり、食べ物への考え方であったりで、食事を始める前に声に出して発する習慣は、実は日本にもなかったのです。

一人暮らしの経験がある方は思い出してください。一人で食事をするときに「いただきます」と声に出しましたか？　たいていの方は言わないですよね。つまり「いただきます」は、家族そろって食事するときに発するものなのです。

ところが江戸時代以前、家族がそろって食事をすることはあまりありませんでした。武家では、主人は一人で給仕されながら食事をします。

町人は忙しいので、めいめいが勝手に食べます。農家はお腹が空いたら食事ですから、これもそろいません。

日本では明治になってようやく家族がそろって食事、という習慣が一般化します。こうなって初めて食事のときに、「いただきます」と言える環境になったわけです。

キリスト教のお祈りの言葉をまねて義務づけ

では、「いただきます」と言う習慣は、なぜ広まったのか？　これはどうやら学校教育の結果のようです。

明治以降の学校教育は西洋の模倣に基づくものが多いのですが、敬虔なキリスト教徒が食事の前に神に捧げる感謝の祈り、これをまねて学校に持ち込まれたことが、まずあったようです。

その後、江戸時代の「往来物」と呼ばれる寺小屋の教科書などに使われた書物のなかに、「箸とらば　天地御代の御《おん》めぐみ　国と親との恩をあじわえ」との一節があり、この最後に「いただきます」をつけて、お昼どきに唱和させる学校が増えていきます。昭和の初めのころのことです。

同時期に学校給食が広まり、全員が食事習慣を共有することで、さらに広まっていきました。

国全体が戦時体制になっていくと、「国」を「君（＝天皇）」と言い換えたり、「兵隊さんありがとう」などの言葉も加わり、すべての学校で「いただきます」を言わないと食事をさせてもらえなくなりました。「いただきます」は、国家体制を浸透させる手段でもあったわけですね。

この習慣が子どもたちによって家庭に持ち込まれました。

似たような集団生活に軍隊がありますが、ここでは「食事、始め」などの味気ない号令だったようです。

意味づけ変え、今も学校で指導

現代では学校給食は学級活動の一環で、食育の場とされています。文部科学省は「いただきます」などの食事のあいさつをするように決めており、その意味を次のように定めています。

「私たちは生き物の命をいただき、自分の命を養っています。食べ物を粗末にすることは、他の命を粗末にすることになります。いつも感謝の気持ちを込めて、食事の前に『いただきます』とあいさつをします」

この趣旨自体は、とてもいいものですね。

しかし同時に、それは古くからの伝統として、そういった感謝を意味する言葉として教えられてきたわけではなく、戦前の「天皇や軍人への感謝」という看板を架け替えたものだということも、覚えておいていいのではないでしょうか。

大根も白菜もナスもみんな外国出身

野菜が豊富な日本ですが、実は自生して今も食べられている野菜は、セリ、ウド、フキぐらいです。大根、白菜、ナス、ネギ、サトイモなど、日本の伝統的野菜のようなイメージのあるものも、すべて外国から持ち込まれました。

その時期はさまざまですが、大きな波は三つあります。奈良時代、戦国時代末期から江戸時代初期、そして明治時代です。

ナスなどの渡来時期は古いのですが、広く栽培されるのは江戸時代初期です。貴重な野菜だったという記憶からか初物のナスは高値を呼び、今でいう温室栽培に近い促成栽培も行われるようになりました。初ナスの箱詰めが賄賂に使われた、などという話もあります。

意外性があるのは白菜でしょうか。和風料理に欠かせない野菜のイメージがありますが、日本で栽培が成功するのは明治後期以降です。日清・日露戦争を契機に日本に多く持ち込まれ、大正ごろにようやく栽培が安定します。

室町時代あたりを考えると、今の日本の食卓で重宝されている野菜はほとんどありません。現在消費量トップテンの野菜のうち、あったのは大根とキュウリぐらいです。これではカレーは作れませんね（笑）。

日本への野菜伝来時期

縄文時代	ヒョウタン、ゴボウ、アブラナ、エゴマ、レンコン、シソ
弥生時代	ショウガ、ミョウガ、サトイモ
飛鳥時代以前	カブ、マクワウリ、大根、ネギ、キュウリ、ゴマ
奈良時代	ナス、ニンニク、レタス、ソラマメ
平安時代・鎌倉時代	ラッキョウ、エンドウマメ
室町時代	カボチャ、トウモロコシ、トウガラシ、ジャガイモ、シュンギク、ホウレンソウ、ニンジン
江戸時代	サツマイモ、パセリ、セロリ、インゲンマメ、トマト、キャベツ、アスパラガス、タケノコ、オクラ、モウソウチク（タケノコ）
明治以降	白菜、タマネギ、カリフラワー、ブロッコリー、ピーマン

注：伝来時期については異説もあります

第2章

四季折々のなじみ深いならわし

初詣

鉄道会社のPR戦略で生まれたお正月の国民的一大レジャー

日ごろは神社へなどお参りに行かなくてもお正月は別という方、多いですよね。毎年発表される初詣の人出、合計するとだいたい1億人は初詣に行っています。大部分の日本人が初詣に行っているわけで、さぞかし古くからの伝統と思いきや、これは鉄道会社が広めた習慣だというから驚きです。

元日はお参りではなく、神様をお迎えする日

もちろん1年の始まりの「正月」というのは古来、大事な節目の日です。宮中、幕府から一般庶民に至るまで、さまざまな正月行事を行ってきました。

しかし、江戸時代には実は「初詣」という行事はなく、「初詣」という言葉すらありませんでした。

「えっ、昔の人は新年に神様にお参りしなかったの？」と疑問に思われるでしょうが、そうではありません。その重要度や、やり方が異なっていたのです。

江戸時代まで、1月1日の元日は各家にやってくる年神様（新年の神様）をお迎えし、その年の幸福を祈る日でした。年神様をお迎えするため大みそかまでに大掃除をし、門松を飾り、しめ縄を張るのです。

お正月の神様はお参りに行くものではなく、向こうからやってくるものでした。その神様をきちんと家で迎えるのが、元日の最大の意義だったのです。

「恵方詣」がお正月の伝統

とはいえ、年神以外の神様に1年の計をお祈りに行く人たちも確かにいました。その場合、元日に自分の家や居場所から見て恵方、縁起のいい方角にある神様にお参りに行くのが普通で、これを「恵方詣」といいました。

江戸時代まで、元日に出かけて神様にお参りするのは、この恵方詣のことを指したのです。ですから住んでいる場所によって、行く場所はさまざまです。ある人にとっては恵方でも、別の人には恵方でない、ということも当然あります。

また江戸時代までは、神様ごとに決まっていた縁日が大事で、その年の最初の縁日が重視されました。今でも「初午《はつうま》」という言葉を聞くことがあると思いますが、「初大師」「初不動」「初卯《う》」などの参詣があるため、お正月は忙しいものでした。元日だけ神様にお参りすればいい、というものではなかったのです。

こうした習慣が変わるのが、明治に入って鉄道ができてからです。

江戸時代から、都市近郊では社寺参詣が余暇としてさかんになっていました。そのために近郊の有名寺社への街道もできていました。

これに目をつけた鉄道会社は、次々と都市近郊で社寺参詣のための鉄道敷設を進めます。東京近郊でいえば、成田山へ行くための京成電鉄や、川崎大師や穴守稲荷へ行くための京浜急行が代表です。

鉄道会社による参拝客獲得競争の産物

思惑通り、多くの参詣客が縁日に押し寄せました。そして1907(明治40)年のお正月に、阪神電鉄が「西宮戎《にしのみやえびす》」への「恵方詣」の広告を出します。これが当たったことで、関西圏では毎年「恵方詣」のPR合戦が盛んになりました。

さらに、いつしか「恵方」が忘れ去られ、恵方でなくても1月1日に参詣することがいい、という風潮になっていきます。鉄道会社の都合もあったでしょう。こうして「初詣」という言葉が生まれたのです。

これには明治になって土日休みとなり、縁日に必ずしもお参りできなくなった、「正月休み」も3日までになった、などの事情もあるようです。そのせっかくの休みに列車に乗って郊外まで行楽に出かけたい、という都市住民の希望もありました。

歳時記に載るのは20世紀になってから

俳句の歳時記に初めて「初詣」の言葉が載るのは、１９０８年だといいます。それ以前には「初詣」を詠んだ句はありません。

その後は鉄道会社の宣伝競争とともに、元日の都市近郊寺社への参詣がさかんになり、今のような状況になったのです。

一見、伝統的に思える初詣の習慣ですが、昔の人からすると「なんで縁日でも恵方でもないのにお参りするんだ?」と変な目で見られることでしょう。実は初詣とは信心抜き、行楽重視の現代的習慣だったのです。

お年玉

子どもは喜び親は悩む高度経済成長の副産物

子どもにとって、「お正月＝お年玉」ですよね。親戚の顔を思い浮かべて、金額の皮算用をする子も多いのではないでしょうか。

一方、大人にとっては相場や誰にあげるかなど頭が痛いですね。でも、そんな悩み、実は戦前までなかったんです。

「玉」はお餅のことだった

「そもそも『お年玉』って、どんな『玉』なのか」って？

いえいえ、玉ではないんです。「魂」だという説が有力です。

お正月には家に鏡餅を飾って年神様にお供えするのが、日本古来の習慣です。お正月が終われば鏡餅を割って、みんなに配って食べます。

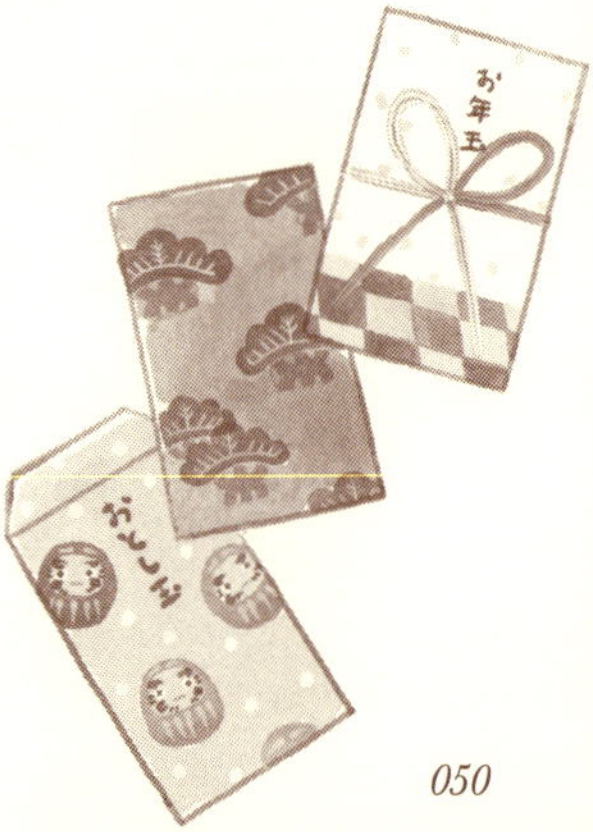

これがお年玉のもともとの姿の一つであり、「年神様が宿った魂」をいただく「年魂《としだま》」というわけです。

あるいは、年の初めの賜物《たまもの》なので「年賜《としたま》」といわれていたものが「年玉」になったなど、いろいろな説があります。

しかし、お餅では元日にはもらえませんね。鏡開きまで待たないといけません。ちなみに鏡開きは、江戸時代初期までは1月20日でしたが、徳川家光が4月20日に亡くなったため20日は忌日になり1月11日に変えられました。

また、割ったり切ったりするのに「鏡開き」と表現するのは、「切る」という言葉を武家が嫌がったからとのことです。

さらにもう一つ、室町時代より前から、お正月のあいさつの際に一種のプレゼントを贈るという習慣がありました。

これは伝統的に目上の者や年長者から目下の者、年少者に贈られ、太刀、硯《すずり》、扇、筆などさまざまなものがあります。

また、男の子には凧《たこ》、女の子には羽子板などを贈っていました。

江戸時代に形式化したお正月の贈答

この習慣は江戸時代に入っても続きますが、商家や武家の主人が使用人や家来に与える場合には、年頭に当たって与えるお小遣い的な意味合いを持つようになり、こうした際にはお金をあげたようです。

また年始の贈答ということで、お得意様を回る商人が手土産を配って歩いた、その品物を「お年玉」と呼ぶようにもなりました。

商人の場合は、箸や扇や紙が多かったようですが、自分の店の商品サンプルやちらしもつけたりして、「年玉であらまし知れる家業かな」といった俳句も詠まれました。

こうしたあいさつ回りの際、子どもには小銭を紙にくるんであげることがあったようで、これがお正月に子どもに金銭を上げる習慣の源流のようです。

大人同士の贈答は「年賀」に

この習慣は明治維新後も続きます。しかし年始のごあいさつの贈答、営業用の贈り物は、本来、目下から贈るものの呼び名である「年賀」となり、目上からの贈り物だけが「お年玉」となります。

ただし、時代とともに、大人同士の関係は〝上下〟から〝対等〟が増えていきます。使用人や弟子などがいる人は、今はあまりいませんよね。親族間でも〝本家〟や〝家長〟といった考え方も廃れていきます。

そうなると家族や親戚のうち、お年玉をあげるのは子どもだけ、ということになっていきます。

こうしたお年玉という形で子どもにお金をあげる習慣が定着したのは、昭和30年代ごろだそうです。それ以前の戦中から戦後にかけては、日本の経済状況からいっても大人にはそんな余裕などないですね。つまりは、子どもも高度成長の恩恵を受けた、ということになるのでしょう。

節分

本当は大みそかの行事だった豆まき

節分といえば豆まき。「鬼は外、福は内」と言う声は、お子さんのいらっしゃる家ではよく聞かれますよね。でもこの行事、そもそも大みそかの行事だったんですよ。

実は年に4回あった節分

人形を飾るだけのひな祭りや端午の節句、飾りを出すだけの七夕などに比べ、派手なパフォーマンスのある節分の豆まきは、子ども時代を振り返ると一番楽しい年中行事だったかもしれません。

最近は鬼の面と豆がセットになったグッズなども売っており、幼稚園・保育園や小学校でも定番の行事ではないでしょうか。

節分は日本独自の習慣です。

もともとは「四立《しりゅう》」と呼ばれた立春、立夏、立秋、立冬の春夏秋冬の始まりの日の前日すべてを指していました。つまり、「季節を分ける日」ということでしたが、今では立春の前の2月3日だけを指すようになりました。

古代には季節の変わり目には「邪鬼《じゃき》」が忍び込むと考えられており、これらの日には悪霊払いの行事が行われていたようです。

大みそかの悪霊払いがその源流

悪霊払いでもっとも伝統的な行事には、宮中行事であった「追儺会《ついなえ》」があります。これは大みそか（旧暦の場合12月30日）に鬼を追い払う儀式で、中国から伝わり平安時代から行われていました。

これが貴族や武家にも広がっていくのですが、室町時代にはすでに「鬼は外、福は内」と言いながら、豆もまいていたようです。

豆をまく由来にはいろいろな説がありますが、豆の持つ力で鬼を退治できると信じられていたようです。

旧暦では大みそかと立春前の節分は、同じ日ではないものの、ほぼ同時期でした。この関係から、次第に立春前の節分が鬼払いの日としてもっとも注目され、残ったものと考えられます。

本来、「年女」はいなかった

江戸時代になると庶民にまでこの風習が広まりますが、豆をまくのは今のように子どもではなく、家長です。家長はこの年末の行事とされた節分だけでなく、年始の行事すべてを取り仕切るため、「年男」と呼ばれていました。

家長が「年男」ですから、男性当主が不在で女性が取り仕切っている家以外はみな「年男」で、「年女」というものは本来いなかったのです。

この節分や豆まきの行事は、明治維新以降やや廃れたといいます。

明治政府は「迷信」は禁止、というのが基本的スタンスでした。浅草寺の節分行事が禁止されたり、地方によっては節分行事禁止の通達が出されました。また世間も「迷信のたぐいは欧米列強に追いつくのに邪魔」「恥ずかしい」という風潮でしたので、そうした影響もあったかもしれません。

戦後に生まれた節分行事の定型

しかし戦後、食糧難の時代が去ると、再び節分と豆まきの行事が復活してきます。関東で有名な成田山新勝寺の豆まきは、1969(昭和44)年から行われています。

そして、この明治初期から戦後の時の流れのなかで、いつしか「年男」=「その年の干支と同じ干支の年に生まれた人」=「豆をまく人」になり、お寺の節分行事の中心も豆まきになりました。たとえば明治までの浅草寺では、僧侶がお札をまいていたのです。

また「年女」も、おそらく戦後に現れだしました。先ほども説明したように、「年男」は本来「家長」だったのですが、それが「その年の干支生まれの人」になったことで、「じゃ女性でも」ということになったのでしょう。

今、多くの家庭ではお父さんがコンビニやスーパーで買った鬼の面をかぶって、豆を投げられていることと思います。江戸時代なら「家長」=「年男」=「豆をまく人」ですから、あり得なかったんですけれどね。

ひなまつり

なぜ、ひな人形の男女並び順は大正以降に逆転したのか？

桃の節句は、女の子の成長を願う一大イベントです。その際に欠かせないひな人形ですが、男びなと女びな、どっちが右でどっちが左か覚えていますか？

実はこのルール、大正以前と以後では逆転しており、そのきっかけがいかにも現代的な出来事だったのです。

古くは男女とも祝った桃の節句

ひなまつりは旧暦の3月3日、「上巳《じょうし》の節句」に穢《けが》れ払いとして人形《ひとがた》の紙を流す「流しびな」から始まりました。

江戸時代以前は、端午の節句とともに男女の区別なく子どもの成長を願ったのですが、室町時代末期から江戸時代にかけ、人形が武家の間で女の子の人形遊びと結びつき、豪華な人形を飾った女の子の祭りへと変わっていきます。

一方5月5日は「菖蒲《しょうぶ》の節句」ともいい、「菖蒲」が「尚武（武道を重んじること）」に通ずるということで、男の子のお祝いになっていきました。

江戸時代になると次第に豪華な人形が作られ、なかには高さ60センチもあるものも出てきました。こうなると幕府は「ぜいたく禁止」ということで規制を始め、「高さは8寸（約24センチ）以下」などと、そのサイズが決められます。

そして18世紀後半には現在のような姿、装束のひな人形となり、五人囃子が加わって幕末には三人官女や随身《ずいじん》も現れ、現代とほぼ同じ構成になりました。

天皇家を模して作られたひな人形

おひな様は天皇と皇后をイメージした人形ですから、その姿はもともとの天皇家のルールに忠実に作られています。

日本では古来、左が上座です（右大臣より左大臣のほうが偉い）。ですから男びな（天皇）は女びなの左側に座り、女びなは男びなの右に座りました。つまり、おひな様を眺めると、男びなは向かって右にいるわけです。

しかし人形店に行くと、なんということでしょう。たいていの店では男びなが右に座り、女びながその左側にいます。女性が強くなったからでしょうか？

いえいえ、そうではありません。これは明治以降の皇室、ひいては日本政府全体の姿勢が関係しているのです。

明治維新によって「とにかく日本のやり方はダメ、西洋式にならえ」という風潮が起こります。

実は、ヨーロッパは日本と逆の右上位が原則です。正しいことを英語で「ｒｉｇｈｔ」と言いますよね。

明治維新後は日本政府、皇室もこの原則を取り入れ、外交使節の接遇などの際に右上位に切り替えたのです。世界の外交原則は今も右上位です。

右に立った大正天皇のインパクト

大正天皇が即位する即位礼の際にも、天皇が右、皇后が左に立ちました。日本の伝統行事ですから左でもよかったと思うのですが……。

ともあれ、その記念写真が新聞に載ります。するとこれを見た人形店が、天皇家の左上位という原則が右上位へと変わったことに気づいたわけです。続く昭和天皇も、結婚式や公式の行事で皇后の右に立ちました。

もともと天皇家のしきたりにならって作ったものですから、皇室の原則が変わったら置き位置を変えなければ、ということで、当時、天皇のお膝元になっていた東京から、ひな人形の置き位置が変わっていったのです。

今でも地方の旧家や旧大名家、京都などでは男びな左座り、女びな右にこだわっているところもありますが、今や全国の人形店では男びな右座りです。

博物館などで古いひな人形を見たときにどっちが右か確認してみて下さい。古いものは男びな左です。

この逆転は写真、新聞というメディアで伝えられることで一気に起きました。メディアがない時代には考えられなかった速さです。現代のテレビにもつながる、その威力が発揮された出来事でした。

お花見

一体いつから、なぜ日本人は桜を愛するようになったのか？

日本で花といえば桜！　春の日本はまさに桜一色になりますよね。パッと咲いてパッと散る。「いやあ、日本人の魂だなあ」と春を堪能できるお花見。その主役となるソメイヨシノが、こんなにあちこちで見られるようになったのは、実は戦後のことなのです。

ソメイヨシノは幕末に作られたクローン品種

忠臣蔵の「花は桜木　人は武士」、本居宣長《もとおりのりなが》の「敷島《しきしま》の　大和心を　人問はば　朝日に匂ふ山桜花」などの言葉は有名で、桜の花は〝大和魂〟の象徴のように思われています。また好きな花、木のアンケートでは、必ず桜が1位になります。

しかし注意しなければいけないのは、本居宣長もはっきり書いているように、江戸時代以前の「桜」はヤマザクラで、今見る桜のほとんどを占めるソメイヨシノではないという

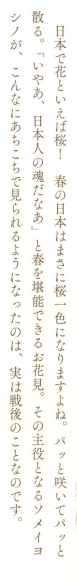

こと。古代から有名な吉野の桜はヤマザクラです。8代将軍徳川吉宗が桜の名所にと、江戸の飛鳥山に植えた桜もヤマザクラです。

ソメイヨシノは幕末に江戸郊外、今の駒込あたりの染井村で作られた品種です。エドヒガンとオオシマザクラの交配といわれていますが、はっきりわかってはいません。

ソメイヨシノは実をつけないため、増やすには全部接ぎ木で育てます。そのため、全国のソメイヨシノの遺伝子はすべて同一です。つまり〝クローン〟なのです。ですから同じ場所に植えてあれば、ほぼ一斉に花が咲いて、ほぼ同時にパッと散るのです。

そもそも武士の潔さと桜は無関係だった

しかし、ヤマザクラではこうはなりません。野生の品種ですから遺伝子は少しずつ違い、とりわけヤマザクラは個体ごとの差が大きいといいます。同じ場所でもまちまちに咲いて、まちまちに散ります。そのため、ヤマザクラは春の間長く楽しめました。ですから「いやあ、パッと咲いてパッと散る。潔いなあ」などという感慨を、江戸時代までは桜に抱きようがありませんでした。

先ほど紹介した忠臣蔵のセリフは、もとは一休禅師の言葉といわれますが、実はそのあとに「柱は桧、魚は鯛、小袖はもみじ、花はみよしの」と続いているうえ、当初は「花は桜木」の言葉はなく、江戸時代以降に最後の「花はみよしの」と同じ意味のセリフを先頭に持ってきたといいます。

しかも、忠臣蔵では「『花は桜木、人は武士』と武士は偉そうに言うが、大阪商人の心意気だって負けていないなあ」という文脈で使われているのです。特段、武士と桜を対比強調したセリフではありません。宣長の句の意味も、「大和魂」の奨励といった勇ましいものではなく、「日本人の美しい心」といった意味だったともいいます。何より宣長は、商人の子で武士ではありません。

そもそも桜は「死」のイメージもあり、武士の家紋にはあまり使われませんでした。では、〝人の散り際〟と桜が結びつけられるのは、いつ、どんな理由だったのでしょうか。

軍国日本の象徴とされた明治以降

幕末にソメイヨシノが現れると、桜の人気品種は一気にそちらに移ります。葉が出る前に花が咲くので見た目が印象的になる（ヤマザクラは葉も同時に出る）、若木からすぐ花が咲く、といったことが人気の理由です。

一方、「大和魂」の象徴というイメージは、どのようにできあがっていったのでしょうか。それは明治以降です。日本を代表する花ということで、日本そのものや軍を表すシンボルにされたのです。海軍では明治初年に桜を階級章に採用し、今も自衛隊の階級章はすべて桜です。陸軍の階級章は星でしたが、桜デザインも数多く採用しています。

また各地に作られた護国神社や兵営には、ソメイヨシノが好んで植えられました。軍歌でも、1911（明治44）年の「歩兵の歌（歩兵の本領）」などでは、「大和男子《やまとおのこ》に生まれなば散兵戦の花と散れ」と、桜と「潔く戦死すること」を結びつけています。これは明らかに、パッと咲きパッと散るソメイヨシノのイメージです。

ソメイヨシノは花が散ったあとに葉が出るため、いったん死んでも生まれ変わる、というイメージもつけられたようです。桜の枝を持たされて死んだ特攻隊員たちが、「靖国でまた会おう」と言うのにふさわしかったのです。

このソメイヨシノが街中でさらに増えるのは戦後です。空襲で荒れ果てた都市を復興する際、すぐに花が咲いて街を華やかに彩るところが歓迎されたのです。東京で有名な千鳥ヶ淵の桜なども1950（昭和25）年から植えられたように、多くの桜並木は戦後に生まれたのでした。

端午の節句

「柏餅」の葉に隠された知られざる事実

5月5日の子どもの日が近くなると、お菓子屋さんやスーパーに柏餅が並びますね。今や全国どこでも売っています。柏餅をくるむ葉は、もちろん「カシワ」の葉です。当たり前だろって？　いえいえ、戦前までは当たり前ではありませんでした。

端午の節句、昔は「ちまき」を食べていた

まず子どもの日＝端午の節句に柏餅を食べる習慣の由来を見てみましょう。これは中国から入った習慣です。中国の紀元前、戦国時代の楚の国に屈原《くつげん》という詩人がいました。彼は国の将来に絶望して川に身を投げて死ぬのですが、それが5月5日でした。屈原を慕う人たちが、供養とともに魚が屈原の遺体を食べないようにと、米を投じていましたが、屈原の死後300年たって霊が現れ、「供物の米を葉で包んで糸で巻いてほしい」と言い、

それがちまきの始まりだとされています。

まあ、これは食べ物起源伝説の一つにすぎません。餅米を何かの葉でくるんでしばって蒸す食べものは、東南アジアから中国にかけて古くからあります。

いずれにせよ、5月5日にはちまきを食べて厄払いするという習慣が生まれ、それが日本にも伝わりました。

あれ？　端午の節句にちまきを食べる習慣の話になってしまいましたね。そうなのです。古くは端午の節句にはちまきを食べており、柏餅を食べるようになったのはほぼ江戸時代以降の習慣、しかも今と同じ「カシワ」の葉でくるまれた柏餅を食べていたのは関東地方周辺、もっと言ってしまえば江戸の街だけでした。

江戸でたくさん採れたのが「カシワ」だった

戦前までは、東北・北陸・山陰などでは、主に「ササ」の葉でくるまれたちまきを食べ、西日本では主に「サルトリイバラ」の葉でくるまれた「柏餅」を食べていました。

実は「カシワ」の語源は「炊し葉（かしは）」であるといわれ、食物をくるんで食べる葉はみな「カシワ」と呼ばれており、品種ごとに区別されていませんでした。今の「カシワ」種のみが「カシワ」と認識されるのは江戸時代も中ごろです。

葉でくるむのは香りづけや保存のためですが、サルトリイバラとカシワでは、サルトリイバラのほうが香りが良く、色もいいです。ただ葉が小さいので餅をくるむには2枚必要な一方で、カシワは1枚で挟み込むようにくるめます。

江戸の街で今のカシワが柏餅に使われるようになったのは、江戸時代に入り、贈答などで大量の柏餅が消費され葉も必要だったのに、サルトリイバラの葉が足りなかったからだと思われます。

それで仕方なく、江戸近郊で手に入りやすいカシワの葉を使うようになりました。しかし、それでは評判が悪いので、「カシワの葉は枯れても次の葉が出るまで落ちない。だから子々孫々切れ目なく繁栄するめでたい葉」という「利点」を考えて宣伝しました。

今や主役は中国からの輸入品

ネットなどでは、この江戸時代の宣伝文句を「柏餅」の由来とし、サルトリイバラを「代用」としていますが、私はそれは逆だと思います。

いずれにせよ、この売り文句の効果は大きく、参勤交代の武士たちが同じような縁起を、故郷のサルトリイバラでくるんだ餅についても語り出したようです。しかし、西日本ではカシワが手に入れづらく、しかも商品としてはサルトリイバラの葉のほうがいいので、サルトリイバラの葉でくるんだ餅を「柏餅」と呼び続けたのです。

この状況が大きく変わるのが戦後です。高度成長に伴って庶民までもが端午の節句を祝い、柏餅を食べるようになりました。当然、消費は急増します。対応する食品会社やスーパーの商品企画はだいたい東京にいます。彼らにとって柏餅の葉は「カシワ」に決まっています。

「課長、カシワの葉が足りません！」「何！　じゃ輸入だ！」

今やカシワの葉の消費量のほとんどは中国からの輸入で、年によっては1万トン以上も輸入されています。品質も国産よりいいそうです。

こうして全国どこの和菓子屋さんに行っても、カシワの葉にくるまれた柏餅が食べられるようになりました。ただし、サルトリイバラで作られたものも残っています。ギザギザのない丸い小さな2枚の葉でくるまれているのがそうです。特に西日本の方、探してみてください。

盆踊り

「盆踊り」が禁止されたから「かるた取り」が広まった!?

この項のサブタイトル、ちょっと不思議ですよね。盆踊りとかるたにどんな関係があるというのでしょう。今ではかるた取りは子どもの遊びです。盆踊りも地域の親睦を深め、子どもが喜ぶイベントです。しかし明治のころ、この二つのイベントには若者のドロドロとした欲望が渦巻いていたのです。

「乱交」の場だった盆踊り

盆踊りとは、そもそも何でしょう? 実はその起源ははっきりしません。鎌倉時代に一《いっ》遍《ぺん》上人が「踊り念仏」を広め、やがて「時宗《じしゅう》」となりますが、激しく踊り狂う宗教的恍惚《こうこつ》が大ブームとなり、次第に芸能的側面が強くなった「念仏踊り」になっていきます。

室町時代には「盆踊り」との言葉が現れ、全国の村々で旧暦7月15日に開かれるように

なりました。平和が訪れた江戸時代に急激にさかんになり、7月に始まって10月まで続くような盆踊りもありました。

このころの盆踊りは、当初の宗教的要素はほとんどありません。昼の仕事を終えて、太鼓を鳴らして踊り狂うという、現代のクラブやディスコといった感じです。

さらに重要だったのは、盆踊りの場は、若者にとって性交渉の相手を探す場だったということです。若者といっても未婚、既婚を問わず参加しており、盆踊りは今でいう「乱交パーティー」の相手探しの場でした。多くの村には雑魚寝堂という乱交の場もありました。

観光化して現在も残る各地方の盆踊りの様子を見ると、男女とも顔がよくわからないスタイルが多いのに気づきます。これは、周囲に気兼ねすることなく相手を選ぶためのものだといわれています。すでに意中の相手が決まっていれば、お互いのことがわかるよう、事前に示し合わせて印をつけたりもしました。

殺人事件まで起きた「盆踊り禁止令」

こうした盆踊りの実態に対して、江戸時代から禁止しようとするお上の動きがありましたが、本格的に強い規制がかかるのは明治維新後です。

明治政府は近代国家として諸外国と伍していこうとするなかで、体面にこだわりました。明治の初めには「裸体禁止令」や「混浴禁止令」が出ますが、これはヨーロッパ人がこれらの風俗を特に嫌ったからです。

また新民法などで一夫一婦制を推し進めようとしていた明治政府としては、乱交などの風俗は絶対に根絶したいものでした。

こうして各地で警察が盆踊りを取り締まり、中止させるという事態が起きます。風呂屋の混浴などは業者を取り締まればいいのですぐになくなりましたが、盆踊りは数百年の伝統があり、しかも若者にとっては人生の「重大行事」。その抵抗は激しいものがありました。

警官に糞尿をまいて追い返そうとしたり、派出所を破壊したり、盆踊りを解散させた巡査を集団で殴り殺すなどの事件まで起きました。1914（大正3）年のことです。

盆踊りの代わりに広まった出会いの場が「かるた取り」

結局、明治以降、盆踊りはいったん急速に姿を消します。しかし、収まりがつかないのは若者たちです。そこで、「盆と正月ぐらいしか休みがないのに異性に触れる機会がない！」ということで注目されたのが「かるた」だったのです。

もともと「百人一首」は女性を中心とした教養でしたが、江戸時代に「読み手」という役割が考えられ、札を取り合うゲームになります。さらに幕末に「読み札」と「取り札」が分離し、歌を知らない人でも参加できるようになりました。

そこで、男女が同席してもおかしくない行事として、正月にかるた取りをすることが流行したのです。さすがに乱交の場とまではなりませんが、とにかく、これで男女の出会いの場が確保されました。

その後、さすがに盆踊り復活運動などがあり、今のような地域の親睦が主体のものが改めて普及していきます。都市化や農村の弱体化などで古い性風俗が廃れたことも、盆踊りの「健全化」には影響したようです。

一方で、かるた会などに参加せずとも男女が交際することも可能になり、かるたは正月の子ども中心の風習となりました。

盆踊りもかるた取りも、古くからあるものだということはみなさんご存じだとは思いますが、その意味合いが、たかだか100年程度で天と地ほども変わってしまうという好例なのです。

花火大会

夏の風物詩が豪華絢爛になったのはコンピュータのおかげだった！

日本の夏の風物詩、花火大会。すっかり日本の伝統という顔をしていますが、明治までその技術は外国からの輸入が核心でした。そして年輩のみなさん。昔はこんなに花火大会ありましたっけ？　実は花火大会は近年急速に増えたのですが、それには理由があります。

徳川家康が見た花火とは？

戦国時代末期から、大友宗麟、伊達政宗や徳川家康が「花火を見た」との記述が現れます。これらの花火は、火花が筒から噴水のように上がる噴出花火や仕掛け花火と思われ、打ち上げ花火ではなかったようです。

戦国時代には火薬は鉄砲を撃つための軍事物資だったため、江戸時代になるとその製造などは規制され、一般人が作っていいのは徳川氏発祥の三河だけとなり、大名家でも自由

に作れるのは御三家のみとされました。

また大都市では、火事の危険があったため花火はしばしば禁止され、江戸では行われなくなりました。

しかし各地の祭りなどでは花火が披露されることが続き、有名な豊橋市の手筒花火など多くが伝統行事として残っています。

初の花火大会は打ち上げ数わずか20発！

現在のような花火大会は1733（享保18）年、徳川吉宗が疫病死者の霊を弔《とむら》う「川施《かわせ》餓鬼《がき》」と「水神祭」を隅田川の川開きの日に行い、このときに特別に花火を上げたのが最初といっていいでしょう。

この際の花火もおそらく噴出花火で、数はわずか20発。その後、打ち上げ花火が始まったのは1751（寛延4）年からだといいます。しかし打ち上げといっても今のようにドーンと花が開くわけではなく、ひゅるひゅると上がってボン、というだけです。

高さはせいぜい10メートル程度。しかも火薬は黒色火薬しかないので色はオレンジだけ。今の花火大会からすると貧弱きわまりないものでした。丸い玉で花のように開くようになったのは、明治に入ってからです。

ちなみに、花火が上がると、「たまやー」「かぎやー」というかけ声を言いますよね。これは「玉屋」「鍵屋」という花火店の名で、川開きではこの両者が技を競っていました。しかし、玉屋は火事を出したため江戸追放となり、今は鍵屋のみが残っています。

また、海外から各種の薬品も入ってきて、明治の後半にはさまざまな色が出せるようになりました。さらに、やはり海外から「連発」が導入されます。とはいっても打ち上げ数は隅田川の花火大会(戦前は「両国川開き」という名称)で100発から数百発でした。

戦争が激しくなると花火大会は中断され、戦後もしばらくは占領軍が火薬の使用を禁じたため花火大会は開催されませんでした。両国川開きが復活したのは1948(昭和23)年のこと。その後、交通事情の悪化などで中止される1961年まで続きますが、この最後の大会でも打ち上げ数は2400発です。

電気発火の発明で連発も自在に

それが1978年に「隅田川花火大会」として復活すると、いきなり打ち上げ数は1万5000発に激増します。この間、何があったのでしょうか。それは電気発火の発明です。１９７５年のことでした。

それまで花火は導火線に火をつけたり、あるいは早打ちの場合、白熱した金属に花火の玉を落としたりするなどの作業が必要でした。このため大変危険であり、熟練の技術を要したわけですが、これが電気発火の採用で一気に解決したのです。コンピュータ制御が可能になり、経験頼りだった点火が事前の予定通り、離れたところからの操作でできるようになりました。

このため、それまでより飛躍的に多数の花火を打ち上げられるようになったのです。それまではいくらたくさん花火を用意しても、職人の数に限りがあったため、一度に多くの数を打ち上げることはできませんでした。

この結果、１回の打ち上げ数だけでなく、花火大会の数も飛躍的に増えました。ディズニーランドや熱海、洞爺湖などのように、ほぼ毎日打ち上げることも可能になったのです。

近年は景気の関係で予算が減り、花火大会は縮小傾向といいますが、それでも諏訪湖の花火大会の打ち上げ数は４万発など、万を超える打ち上げ数の花火大会はたくさんあります。伝統も実はコンピュータ様々だったんですね。

お彼岸

お彼岸、お盆の墓参りは徳川幕府の宗教政策が事の始まり

お彼岸やお盆ぐらいご先祖様のお墓にお参りするのは、日本人として当たり前……になったのは、徳川幕府の宗教政策がルーツってご存じでした?

幕府の下に組織化されたお寺

日本の歴史上、宗教は常に時の支配者に利用されてきました。特に戦国末期からその傾向が強くなり、権力者に逆らえなくなります。

キリシタン禁止は有名ですが、日蓮宗の不受不施《ふじゅふせ》派の禁止や明治政府の修験道・普化宗《ふけしゅう》の禁止など政府の意向と合わない宗教は、その都度弾圧されてきました。宗教が権力を左右してきたヨーロッパとは大きな違いです。

天下を統一した徳川幕府は仏教界を組織化し、本山・末寺の制度やそれを使った連絡網

などで幕府の命令を行き届かせるようにしました。また新しい寺院の造営を原則禁止して、許可制にします。

大本山とかお寺の上下関係は、このときに生まれたのですね。こうして全国のお寺は、必ずどこかの宗派の支配下に置かれることになりました。

また幕府は、キリシタンでないことを証明するために、すべての人がどこかのお寺に所属する「寺請《てらうけ》制度」というものを作り、これが今も続く檀家制度の始まりとなります。

お寺の「営業」で広まった先祖供養のお参り

全員がどこかのお寺に所属しているので、幕府はお寺にその名前を記録させ、これがのちに「宗門人別改帳《しゅうもんにんべつあらためちょう》」という今の戸籍制度と同じようなものになります。幕府は、すべての民の家族関係や親戚関係を把握できるようになり、年貢の取り立てにも役立ちました。

こうした制度のおかげで、全国のお寺と人々の関係は固定化されます。お寺からするとライバルのお寺はもう増えず、決められた檀家があるのは安心ですが、新しい信者獲得はできません。他のお寺の檀家は横取りできないのです。

となると、お寺は決まった檀家との「営業」に励むしかないわけですね。こうしてお寺は檀家たちに、先祖供養のお参りに来てお布施をし、功徳《くどく》を積むように強く勧めるようになったのです。

日本独自の「お彼岸」「お盆」の風習

実はお彼岸もお盆も日本独自の風習です。仏教に起源を持ち、仏教の行事として行われていますが、仏教が日本に伝来してから日本の先祖崇拝と結びついたものなのです。仏教を開いたお釈迦様は先祖供養の必要など説いていませんし、お墓も重視していません。

また仏教では本来、僧侶は一般人の葬儀はできませんでした。戒名というのは出家した僧侶の名のことで、現在の戒名は、一般人の葬儀ができないはずの僧侶が出家していない人の葬儀もできるよう、死んだ人間を便宜上僧侶とするためのものです。葬儀の読経も、死んだ人間にお経を聞かせて、即席で僧侶にするために行われているのです。

お彼岸もお盆も風習自体は古くからありますが、江戸時代以前は、自分の家や身の回りで先祖を祀りました。今でも、「迎え火」「送り火」は家で行い、野菜で作った馬や牛を門前に供えますよね。しかし、江戸時代、僧侶たちはお墓の固定化という方法で檀家をお寺に来させ、彼岸や盆の供養をさせるようになりました。

個人の墓は江戸から、「〇〇家之墓」は明治以降

平和になって食べ物に余裕が出た江戸時代、豊かになるとお墓にも変化が現れます。石のお墓ができるのです。

江戸時代までは遺体は埋めておしまいです。また古い遺体の上にどんどん新しい遺体を葬るので、いつしかどこに遺体があるのかわからなくなりますが、それも特に問題にはなりません。遺体のある場所に行くことよりも、先祖供養をきちんとすることが大事だったからです。ところが石の墓ができるとお墓は残ります。そして、お墓の多くが檀家であるお寺の境内に作られるようになり、お寺は定期的にお参りに来るように勧めました。

それでも江戸時代初期のお墓は個人のお墓でした。ですからお墓参りをするのは、その人を知る人だけでしたが、やっかいなことに江戸の中期以降、「先祖代々の墓」というものが出てきます。こうなると子々孫々、決まったお寺にお墓参りを続けなければいけません。さらに「〇〇家之墓」という「家名」の墓ができるのは、明治以降といわれています。

お彼岸、お盆、お墓、お墓参り、お葬式、一般人の戒名……。みんなもともと仏教とは無関係。すべてが伝統のようになるのは明治以降のことなのです。

年賀状

戦後になって、ようやく定着した新年のあいさつスタイル

年末も段々と近づいてくると、あわてだすのが年賀状書き。面倒な反面、付き合いもあるからと、テレビCMなどに押されつつ多くの人が年賀はがきに向き合うことでしょう。そして、やっぱり元日に年賀状を読むのはいいねえ、日本のよき習慣だねえ、と思うわけです。ところがみなさん、明治に入るまでこんな習慣ありませんから。

正月の〝義務〟は本来「年始回り」

まあ、江戸時代には郵便制度がなかったので当たり前といえば当たり前ですが、とにかく、江戸時代以前に年賀状のやりとりはありませんでした。

「いや飛脚とか家来とかに持たせて書状でやりとりしてなかったの？」と思われる方もいらっしゃるかもしれません。でも考えてもみてください。新年のあいさつって、本来顔を

合わせてするものだと思いませんか？

「年始回り」という言葉は今でも生きていますよね。武士などの間では、目下の者が目上の者のところに行ってごあいさつをするのが〝筋〟というか、ほとんど〝義務〟に近いものでした。

江戸でいえば、江戸にいる大名は元日には必ず江戸城に登城し、大広間でそろって将軍に拝謁しました。このときに参上しないなどとなると、下手をするとお取り潰しです。

書状で年始あいさつをまったくしないかというと、遠方であったり、病気で行けないなどのやむを得ない場合のみ、行われることはあったようですが、あくまで例外的なものでした。

なぜ年末に「年賀状」を書くようになったのか

では明治になって郵便制度が整うと、年賀状が普及したのでしょうか。必ずしもそうではありません。

郵便制度の誕生から間もない1873（明治6）年に「はがき」の制度が始まり、これが年賀状の普及のきっかけになったようです。

年賀状の内容は、言ってしまえばあいさつだけですから、安価なはがきはうってつけの仕組みでした。こうして、はがきによる年賀状の習慣が徐々に広まります。

そして明治も20年代になると、元日などに出されるはがきの数が他の日に比べて非常に多くなり、郵便業務に支障が出るようになります。

そこで1899年から、作業を年末に分散させるべく、「年賀郵便」の制度が始まったのです。

ご存じのように、これは年末の一定期間に郵便局に年賀状を持ち込めば、元日の消印を押して配達してくれるという制度のこと。この制度は人気を呼び、対象地域も全国に広がってポストへの投函だけで済むようになります。

こうして、もともとは新年になって書く習慣だった年賀状は、年末のしかも早いうちから準備するものに変わりました。

しかし昭和に入り戦争が激しくなると、「不要不急の通信である年賀状はやめよう」という空気が広まり、年賀郵便制度も廃止されます。そして敗戦。

経済的に苦しいなか、年賀郵便制度は復活しましたが送り合う余裕もなく、その数はあまり増えませんでした。

お年玉付き年賀はがきの誕生

その状況を一気に変え、年賀状を国民的習慣に変えたのが、お年玉付き年賀はがきの発売です。

始まったのは1949（昭和24）年。考案したのは当時の郵政省ではなく、林正治さんという京都の会社経営者でした。戦争などで親戚・知人の消息がなかなかわからないなか、せめて年賀状を送り合えればとの思いで、東京まで出かけてこの制度の創設を熱心に説いたそうです。

初めは渋っていた郵政省も折れてこの制度が始まると、特等のミシン目当てもあってか年賀はがきは大いに売れ、1953年には5億枚も発行されるようになりました。

こうして国民的習慣になった年賀状ですが、ご存じのように廃れつつありますね。発行枚数のピークは2003（平成15）年で45億枚。2015年は30億枚と3分の2に減りました。

このペースで行くと2040年ぐらいにはなくなる計算ですが、私たちの新年のあいさつはどう変わっていくのでしょうか？

除夜の鐘

大みそかに鐘を突き始めたのはNHKの影響だった!?

大みそかの夜の日付が変わるころ、テレビから鐘の音が聞こえ出すと、窓の外からも「ゴォーーン」。どこからか鐘の音が響いて、「ああ、今年も終わりかぁ」と感慨にふける方も多いでしょう。しかし、このいかにも日本的伝統行事と思われる風習、実は謎だらけなんです。

江戸時代以前の資料に出てこない「除夜の鐘」

このいわゆる「除夜の鐘」ですが、辞書を引くと「中国から伝わった習慣」などともっともらしく書いてある場合が多いのですが、これらの記述の根拠は明らかではありません。実は、江戸時代以前に、1年の終わりの大みそかに除夜の鐘を突いたという記録は、まったくないのです。

俳句、和歌など、さまざまな文学作品、お寺の記録、「時の鐘」の運営記録……。どんな文献にも「大みそかの夜に除夜の鐘を突いた」という記録はありません。

俳句では今でこそ除夜の鐘は冬の季語ですが、出てくる作品はほとんど昭和以降のものです。江戸を舞台にした落語などで「除夜の鐘」が登場するものがありますが、それはのちになって落語家がつけ加えたものばかりです。

そもそも夜中の12時、午前0時で日が変わるという感覚が江戸時代の人にはないので、今のような午前0時をまたいで年の変わりを祝うイベントは成立しえません。江戸時代の人にとっては、日の出かその少し前が1日の始まりです。年が明けるというのは夜が明けるのと同じで、日が昇って「明けましておめでとうございます」なのです。

午前0時を1日の変わり目とする感覚は、明治になって太陽暦が導入され、さらに多くの人や家庭に時計が行き渡ってから備わりました。

鐘を突く回数と煩悩の数は無関係⁉

また除夜の鐘は108回鳴らすというのが常識になっていますが、この理由については諸説あり、まったくわかっていません。よく人間の煩悩は108あるので、それを鐘を突いて消すといわれますが、実はお経でも煩悩の数は一定していません。時代や宗派によりその数はさまざまで、少ないものでは3、多いものではなんと8万4000まで挙げられています。

また浄土真宗など、「鐘を突いて煩悩を消すなどできないし、意味がない」と除夜の鐘自体を否定する宗派もあるように、除夜の鐘がきちんとした仏教行事として行われているところは実はほとんどないのです。

京都・知恩院の除夜の鐘は有名ですが、これは1930(昭和5)年にNHKのラジオ放送の依頼で始まったものだといいます。

東京では寛永寺と浅草寺が、1947年から正式に除夜の鐘を鳴らし始めましたが、その鐘はお寺の行事用の鐘ではなく、境内の「時の鐘」を使いました。江戸のお寺では、時刻を知らせる鐘と仏教行事用の鐘を厳密に区別しており、時の鐘を使ったということは、除夜の鐘が仏教行事と意識されていなかったことの証しです。

実は江戸時代末期に書かれた文書で、「除夜の鐘」に言及したものがあり、驚くべきことにそこには「除夜の鐘は元旦の鐘で、午前4時ごろから突き始めて108回突き終わると読経が始まる、新年を迎える儀式」とあります。しかし、これは関東地方のある地域だけの習慣の可能性が高いといわれています。

いずれにしても、「午前4時ごろから」とあるように、この鐘も年越しの行事ではなかったらしいことは読み取れますね。

NHKのラジオ放送で全国区に？

除夜の鐘が今のように全国的に一般化したのは、おそらく先のラジオ放送のおかげです。NHKは放送開始直後の1927年から除夜の鐘の中継を始め、1932年からは、全国の除夜の鐘をリレー中継する今の形が早くも始まっています。

この放送が、実は除夜の鐘を当たり前にしたものではないかと私は推測しています。幕末あたりのどこかのお寺の習慣が明治以降も残っていて、それをNHKが広めた……。そんな想像が成り立つと思いませんか。

除夜の鐘がいつどこで始まったものか、今もはっきりしません。

しかし「初詣」もそうでしたが、実は伝統とはまったく関係のない商売上の都合や、メディア受けなどといった理由で広まった〝ニュー宗教行事〟なのはおわかりいただけたのではないでしょうか。

旧暦って一体何なの?

江戸時代以前の日本人の暮らしを知る上で旧暦の知識は欠かせません。旧暦とは一般的に明治初めまで使われていた、太陰暦と太陽暦を併用した「太陰太陽暦」のことです。

太陰暦は月の満ち欠けの一巡り、新月から次の新月までを1カ月とする暦で、月が地球の周りを1周するのは正確には29.5日なので、30日の「大の月」と29日の「小の月」を作って調整していました。旧暦では31日の月はありません。

新月から新月までなので、太陰暦では1日は必ず新月で、15日は必ず満月です。ですから満月を「十五夜の月」というのです。

他方、太陽暦は地球が太陽の周りを1周する時間を1年とする暦です。1年の起点、つまり新年1月1日をいつにするかは実は決め方の問題です。冬至の日を1月1日にしてもいいですし、春分の日でもいいのです。

現在、日本や欧米で採用されているグレゴリオ暦の1月1日は、驚くべきことに天文学的にはまったく意味のない日です。冬至や春分のように、地球と太陽の位置関係で何か意味がある日ではないのです。

では、なぜこの日が1年の始まりなのか。詳しくは複雑なので省きますが、ローマ帝国以来の複雑な政治、宗教絡みの思惑や妥協の結果です。個人的には立春(冬至と春分の中間点)を1月1日にしたらいいと思うのですが……。

さて太陰暦と太陽暦を併用すると困ったことが起きます。太陰暦では12カ月は354日しかないのに、太陽暦の1年は365日なので、11日ずれてしまうのです。

太陰暦だけの暦ですと、ある月の季節が毎年11日ずつずれていき、ある年には冬だった月が15年ぐらいすると夏になってしまいます。そこで太陰太陽暦では「閏月」というものを作りました。ほぼ3年に1回(正確には19年に7回)、1年が13カ月の年を作り、季節があまりずれないようにしました。

日本が太陰太陽暦から太陽暦に変えたのは、要は欧米のまねですが、産業の近代化を進めるうえで、1年の月数が12だったり13だったりするのは不都合、というのがもっとも大きな理由でしょう。月給が12回の年と13回の年があるのは、経営者にとっては困りものですからね。

第3章

伝統に根差した生活スタイル

住まい

みんなの憧れ、持ち家が急増した意外な時期とその理由とは？

お住まいは持ち家でしょうか？　賃貸でしょうか？　賃貸でもいずれは持ち家とお考えの方、多いでしょうね。しかし戦前までの日本では、賃貸住宅に住むのが当たり前でした。それを一気に変えたのは意外にも戦争だったのです。

昭和戦前までは借家暮らしが当たり前

現在、日本の持ち家率は6割前後で、これは多少の変動はありますが、ここ40年近く変わりません。これは俗にいう「住宅双六《すごろく》」が機能しているからだと思われます。

「住宅双六」とは、親との同居から独立して借家に住み、結婚して蓄えができたら持ち家を買う、というライフスタイルのことです。持ち家を買って「上がり」ですね。これは持ち家になってやっと一人前、という意識にもつながっています。

しかし戦前の日本では圧倒的に賃貸住まいが多く、持ち家に住んでいるのはごく少数の大金持ちだけでした。

大正時代に行われた「中等階級住宅調査」によると、9割以上が借家に住んでいました。このなかには公務員や銀行員、会社員など、明治以降に生まれたホワイトカラーの階層も含まれています。ただし、一般庶民が住む借家は長屋のようなものが多かったのですが、ホワイトカラー層は一軒家の借家に住む場合が多かったようです。

借家住まいが多かったのは、土地所有者が少なかったからでした。東京などの都市では土地は一部の地主が持ち、借家を建てて経営することが多かったのです。

戦中・戦後の家賃規制で貸家経営が破綻

その後、昭和にかけて持ち家は少しずつ増えますが、それも借地の上に持ち家を建てて住む場合が多かったようです。戦前の段階で、東京で自分の土地に自分で家を建てて住んでいるのは1割以下で、借地に家を建てているものが2割程度。1941（昭和16）年の統計では東京の持ち家率は25％で、大都市の平均が19％でした。

ところが戦争を経た1948年、東京の持ち家率が48％に跳ね上がります。なぜでしょう？

その原因は、戦前の１９３９年に出された「地代家賃統制令」にあります。当時、戦争を遂行するには国民生活の安定が欠かせないと、借地借家料の値上げが禁止されたのです。翌年には新しい借家の家賃も統制下に置かれました。

そして戦争が終わると、今度は空襲による都市部の住宅の壊滅的な破壊や、海外からの５００万人以上もの引き揚げ者によって、空前の住宅不足が起きます。本来、ここで借地借家料金の急激な値上がりが起きるはずですが、それではただでさえ混乱している戦後の社会がさらに大混乱し、占領軍がもっとも恐れた共産主義革命などにつながる恐れがありました。

そこで、戦前に天皇の命令として出された地代家賃統制令が、そのまま認められたのです。また借地法・借家法があったため、家を借りる側の権利は厳重に守られていました。これにより、都市での貸家貸地経営はまったく割の合わないものになってしまいます。一方で、富裕層を対象にした財産税により、戦後は大地主も土地を維持しづらくなりました。

こうして地主たちはどんどん土地を借家人、借地人に払い下げ、貸家があっという間に持ち家に変わっていったのです。東京での１９５３年の持ち家率は、今と同水準の60％に急増しています。

作っては壊し作っては壊しの日本の住宅

こうして持ち家が当たり前になると、政府も持ち家を推奨し、これを経済政策の一環とします。日本では住宅ローンが発達していなかったため、住宅金融公庫が作られ、低金利で融資する制度が長く続きました。

また、戦前までの狭い住宅から近代的な広い住宅に転換するため、住み替えも奨励されます。その結果、「住宅双六」が当たり前になるのですが、これらの住宅史の弊害として、日本の住宅は非常に寿命の短いものになってしまいました。

1970年代から2000年代で見ると、建てた住宅数の5～6割の数の住宅を毎年壊しています。欧米では築100年以上の住宅に住むことは珍しくありませんが、日本の住宅の平均寿命は40年ほどしかありません。

住宅を作っては壊し、作っては壊しで関連産業はこれまで潤ってきました。これは景気を良くする手段であり、住宅着工数は景気指標でした。しかし人口減時代、もっと国民の長期的な資産となる住宅政策が必要ではないでしょうか。

正座

もともと「はいつくばる」姿勢がなぜ、正しい姿勢となったのか？

「正座」苦手な方、多いですよね。だいたい今日日《きょうび》、正座する場面がありません。畳の部屋がないお宅も珍しくないです。「まったく日本人なのに正座も満足にできんのか！」などと怒っているお年寄りが、ちょっと正座したら足が痺《しび》れて「いててて」なんていうのは喜劇の常套場面です。

江戸時代には「正座」という言葉はなかった

しかし、「正座」の姿勢を「正座」と呼ぶようになったのは、実は明治時代以降なのです。もちろん江戸時代以前にも、正座に当たる姿勢はありました。今でも幼児を見ていると、ちょこんと正座しているときがあります。彼らは体重が軽いので足が痺れません。つまり、人間が自然にとってしまう姿勢の一つなのです。

こうした正座の姿勢のことを、江戸時代以前は「かしこまる」、あるいは「つくばう（蹲う）」と呼びました。「つくばう」は「這いつくばる」の「つくばる」で、「正しい姿勢」という価値観は江戸時代以前にはありません。

この姿勢をとるのは、神様や征夷大将軍のような自分より極めて偉い人の前でひれ伏す場合でした。つまり最大限のへりくだりです。日常の姿勢は、正式な場でもあぐら（胡座）か立て膝でした。男女、武士貴族その他みな同じです。

室町以前はそもそも正座ができなかった

平安装束に見られる十二単や、今でも神主さんが着ている袍《ほう》などの服は下半身がゆったりと作られていて、この恰好で正座するのは実は難しいのです。こうした服は胡座をかく前提で作られています。紫式部も清少納言も、あの美しい服の下で胡座をかくか立て膝でした。

本来、自由である足を折りたたみ、全体重を下肢にかける「正座」は、ずっと続けていれば足が痺れるに決まっています。土間や板の間が当たり前だった室町時代以前に、そんな姿勢をとるのは、はっきり言って〝地獄〟です。足が悪くなるし、武士はとっさに戦うのに不都合です。室町時代後期から流行った茶の湯も、基本は胡座などの姿勢で正座はしませんでした。これは江戸時代を通じて、そうだったようです。

最高権威に「かしこまる」姿勢が正座

正座が広まるきっかけは、まずは参勤交代のようです。諸大名が将軍に謁見するときの姿勢として、「かしこまる」姿勢が幕府によって定められました。それを各大名が領国に持ち帰り、家臣に求めたようです。

このころ、武士の主従関係はある意味対等に近い契約から、有無を言わさぬ服従＝忠義に変わっていきます。下克上もありの戦国時代以前の〝ギブアンドテイク〟から、徳川幕府の安定が最重要視されたことによる変化です。「かしこまる」姿勢は、将軍への絶対忠誠を視覚化する格好の仕掛けでした。

また、畳という柔らかい床が普及しだしたことも影響しています。畳の上なら、まあ、なんとかしばらくの時間、正座もできますよね。幕末ごろから、さらに「正座」の姿勢が増えてくるのが、描かれた肖像画などからわかります。

明治時代後期以降「正座」の名が一般化

そして明治になって初めて、「正座」という言葉が確認されます。1882（明治15）年出版の女性向け礼儀解説書でのことです（正確には「正坐」）。ただし、1889年出版の辞書『言海』には、まだ「正座」の語はありません。夏目漱石も「正座」という言葉は使っていません。誰が考えたかはっきりしない言葉ですが、「つくばう」姿勢が、明治の後期以降に「正しい座り方」に変化したようです。

武士階級だけが支配者の時代が終わり、全国民共通の道徳意識や礼法意識が求められるなかで、座り方などの礼法も改めて考え出されました。そして天皇を頂点とする国家体制作りのなかで、目上の者の前では正座する、正座させるという礼法がマッチしたのでしょう。茶の湯の正座も、明治期の女子教育によって固定化されたようです。女性は常にかしこまっておくのが良、とされたのでしょう。

「正座」は日本独特の姿勢ではありますが、それは文化的伝統というより、身分や社会秩序維持に都合のいいものとして取り入れられた結果なのです。

寝具

明治政府の輸入自由化政策でようやく実現した庶民の快眠！

今や日本でもベッドで寝る人が多数派でしょうか。さまざまな調査を見ると、ベッド派が過半数で、布団派は4割ほどといった感じです。「でも、日本人ならふかふかの布団がいいよねえ」という方。そんな夢見心地は明治以降にしか味わえなかったのですよ。

江戸時代に衣服は木綿に大転換

先述のように「寝具はベッド」が多数派ですし、羽毛布団があり、さらに敷き布団もマットレスという場合も多いでしょう。しかし伝統的な敷き布団、掛け布団というとやはり綿入りですよね。この木綿からお話ししましょう。

木綿は綿花から作られます。ワタの花ですね。ワタは熱帯原産で、古代ではインドが特産地でした。日本に入ってきたのは平安時代ですが、当時は栽培ができず、綿織物は超高

級織物として輸入されていて、絹織物より珍しいものだったのです。

ようやく室町時代になって各地に綿栽培が広がり、とりわけ関西などでさかんになります。江戸時代初めごろには綿織物の反物が商品として流通しだし、その販売を担った伊勢商人たちが全国に売りさばいて綿織物を普及させます。この当時、大消費地の江戸に進出した伊勢商人の一人が、三井越後屋、今の三越、三井グループですね。

ただし普及といっても、新品を仕立てられるのは大身《たいしん》の武士や大商人だけです。一般庶民は古着屋を通じて綿織物を手に入れ、端切れを仕立て直したりして着るようになります。古着屋は江戸では呉服店の10倍以上ある身近な存在でした。

こうして綿織物が登場するまで、日本の庶民の服は麻で作られていました。麻の種類は苧麻《ちょま》と呼ばれるもので、夏は涼しい反面、保温性はなく、今の麻と違って肌触りも悪いものでした。ですから、古着というと現代の感覚では貧しいようですが、そんな麻の着物を毎日、何年も着ていたのに比べれば、綿の古着のほうがはるかにいいのです。初めて柔らかな綿織物を肌に着けた人は感動したはずです。一度着たらやめられません。

綿織物が急速に普及したのは、そうした理由も大きかったでしょう。また、染めやすく鮮やかな色になる綿織物は、美的感覚にも影響を与えました。有名な民俗学者の柳田国男は、見るものだった自然の美が、自分の身にまとえるようになった、と表現しました。

このように綿織物の普及は日本の一大産業革命となりました。綿織物を染めるために藍が作られることになり、綿栽培のためイワシの肥料が普及し、そこから稲作などにも使われるようになりました。また、綿布を使った大きな船の帆が作れるようになったことで沿海航路が発達するなど、多方面の産業に影響を及ぼしたのです。

庶民は土間や板の間にわらで寝る

しかし江戸時代はまだまだ綿花は高級品で、綿花をワタにして単なるクッションや中綿として使うなどというぜいたくは、庶民には考えられませんでした。

庶民は室町時代くらいまでは、土間にわらを敷いて寝ていました。江戸時代に少し良くなって板の間にむしろを敷き、昼間着ていたものか、麻などで作った衾《ふすま》を掛けて寝るようになります。さらに、江戸時代には少しずつ畳が普及します。

ただ、江戸時代にはお金持ちが綿入りの夜具を使うようになります。これは大きな綿入りの服のようなもので、掛けて寝ました。今のかい巻きと同じです。しかし江戸の初期には非常に高価で約30両、今の価値で数百万円もしました。

こうした状況は、明治時代に入っても、さほど変わりません。高価な綿入り布団を買うのは大変で、そのための互助会、布団講などというものも大正ごろまでありました。

綿入り布団の普及とともに広まった「押入れ」

そんな高価な綿が安くなるのは1896（明治29）年以降です。富国強兵を掲げる明治政府は、国内の綿作農家を犠牲にして綿織物産業を発展させる道を選びます。この年、安価な海外綿花の輸入関税をなくしたのです。今のTPPと一緒ですね。この結果、日本産の綿糸、綿織物の競争力は増し輸出は急増しますが、国内の綿花栽培は壊滅します。

しかし綿の値段が下がったため、綿入り布団は瞬く間に普及しました。こうして各家庭に布団が備わるようになったのですが、困ったことが起きました。湿気の多い日本の気候では、敷きっぱなしの万年床ではすぐにカビが生えるのです。

仕方ないので毎日布団をたたんでしまうのですが、そのための場所として、ほとんどの家に「押入れ」が作られるようになります。それまで納戸は存在しましたが、段で仕切る押入れは、明治の後期から日本家屋に備わるようになったのです。つまり、江戸が舞台の時代劇で押入れが出てきたらそれは間違い、というわけですね。

蚊取り線香

「金鳥の夏、日本の夏」のルーツはセルビアだった！

もはや熱帯に近くなってきた日本の夏。今では5月ぐらいから蚊取り線香などのお世話にならないといけなくなりました。蚊取り線香といえば日本の夏の風物詩。大手メーカーのCM「金鳥の夏、日本の夏」といううたい文句は、多くの人の脳裏に焼き付いているとでしょう。しかし原料の除虫菊《じょちゅうぎく》は、実は明治になって輸入されたもので、あのぐるぐる巻きも明治後期の発明です。

蚊遣り火と蚊取り線香は別物

「いやいや古い和歌や俳句に『蚊遣《かや》り火』って出てくるじゃないか」とおっしゃる学のあるみなさん。あれは蚊取り線香とは違うんです。

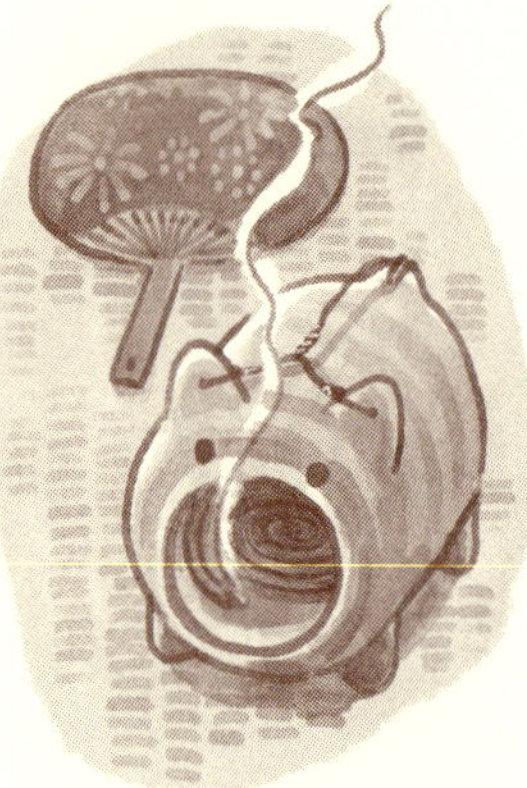

蚊遣り火はヨモギやカヤ、マツなどを火にくべた煙で蚊をいぶし出すもの。平安の昔からありましたが、これは殺虫成分のある今の蚊取り線香とは蚊の追い払う効果が違います。

蚊取り線香の原料となる除虫菊は地中海沿岸原産で、セルビアで多く自生しています。これに殺虫成分があると知られるようになったのは14〜15世紀だそうです。除虫菊の花は大変美しい白菊ですが、野から摘んできた花を部屋に飾っていたところ、その花の周囲でたくさんの虫が死んでいたことから殺虫効果が見つかったといわれています。その後、アメリカにも渡り栽培されていました。

ぐるぐる巻きは蛇のとぐろから

この除虫菊が日本に入ってきたのは、1886（明治19）年のことです。初めはハエやノミなどを殺せることがわかり、栽培が進められました。そして1890年、和歌山県の上山英一郎（大日本除虫菊株式会社＝金鳥の創業者）が、除虫菊の粉末を棒状の線香にして売り出します。これが蚊取り線香の始まりです。

しかし、これは20センチの長さで40分程度しかもたず、燃やす時間を長くしようと長さを伸ばすと、今度は倒れやすく危険でした。

その後、蛇がとぐろを巻く様子から、渦巻き状にして長時間燃やすことを思いつき、1902年に今のような形状の蚊取り線香を発売しました。

この改良によって、燃える時間は7時間に延び、寝ている間に1個の蚊取り線香で済むようになったのです。

このように、ぐるぐる巻きの蚊取り線香が夏の必需品になるのは、大正から昭和にかけての話で、江戸の時代劇で蚊取り線香を焚いていたら大間違いです。大正までは、蚊遣り火が主流だったのです。

ちなみに多くの人が勘違いしていますが、蚊を殺す成分が入っているのは蚊取り線香の煙ではありません。線香の燃えている際から殺虫成分が蒸発し、それが蚊を殺しているので、実は殺虫成分は目に見えないのです。

「金鳥」の社長はセルビアの名誉総領事!

蚊の害に困っていた日本では蚊取り線香は大変な話題となり、このため和歌山県や瀬戸内海地方で原料となる除虫菊がどんどん栽培されるようになります。当時はまだ化学合成の殺虫剤がなく、蚊取り線香が唯一の殺虫商品でした。

蚊取り線香や除虫菊はアメリカなど海外にも輸出され、その輸出量は1920年代には原産国のユーゴスラビア（当時）と競合するまでになりました。

しかし両国の関係は敵対するというよりも、ユーゴスラビアからすると、除虫菊の新たな用途を開発した日本への感謝の気持ちのほうが強かったようです。また、栽培方法などについて情報交換をするなど協力関係にもありました。

こうしたことから、1929（昭和4）年、ユーゴスラビアのアレキサンドル1世国王は、一民間人の上山英一郎を大阪駐在ユーゴスラビア王国名誉領事としたのです。

第2次世界大戦で両国の関係は途切れ、大日本除虫菊との交流もなくなります。しかし近年になって、かつての関係を復活させようとの気運が高まり、2004（平成16）年に大日本除虫菊の上山直英現社長が在大阪セルビア・モンテネグロ名誉総領事となり、さらに在大阪セルビア共和国名誉総領事館が同社内に置かれることになりました（2006年にモンテネグロが分離独立し、セルビア・モンテネグロはセルビアが継承）。

蚊取り線香が取り持つ縁で一企業に領事館。びっくりですね。

洗濯

洗濯板はヨーロッパの発明品だった！

時代劇の江戸の長屋。おかみさんたちが井戸端会議。ぺちゃくちゃおしゃべりしながらも、洗濯板で着物をごしごしする手は休めない。なーんてシーンありそうですよね。でも、こんなシーンあったら〝放送事故〟です。

江戸時代に洗濯板はなかった

何がいけないのでしょう？　実は、洗濯板がいけないのです。江戸時代の日本には洗濯板がなかったのです。え？　洗濯板をご存じない？　そうですねえ、洗濯機が普及して以降確かに見なくなりましたが、今でもネット通販などでは売っています。

洗濯板とは、長方形の木の板の片面に三角形のギザギザがたくさんついた道具ですね。ここに石けんや洗剤で濡らした洗濯物をこすりつけて、よごれを落とすわけです。昭和を

知る者にとっては懐かしい家庭用品ですが、実はこれ日本の発明ですらありません。

なんと洗濯板の発明はヨーロッパです。日本では木しか思い浮かびませんが、あちらでは金属製、ガラス製などもあるそうです。発明されたのは1797（寛政9）年といいます。この当時の発明は「木にギザギザをつける」ということであったようで、製品名を「Scrub board」と呼びました。日本語にするとやはり洗濯板になる「Wash board」はもっと古くからあったようで、洗濯物を置いて棒で叩く平らなものでした。

日本に持ち込まれたのはどうやら幕末のようですが、当時は西洋人が経営するクリーニング店などで使われただけで、製品として売り出されたのは明治20年代といいます。

手もみ中心だった江戸時代以前

このおかげで洗濯はだいぶ楽になったそうですが、では、それ以前はどうしていたのでしょう？

なんと手で揉んでいたのですね。石けんは江戸時代には知られていたようですが、大変高価で洗濯用には灰汁《あく》やムクロジの果皮、サイカチの莢《さや》などを水と混ぜて使っていたようです。戦後に洗濯機が普及するまで、洗濯はこのように長らく超重労働だったのです。

神前結婚式

たかだか100年ほどの歴史しかない神社で白無垢スタイル

最近は結婚式も多様化しました。仲人なし、会費制、人前式なんて普通ですね。場所もレストランが多くなり、なかには遊園地や駅など奇抜な会場もあります。「でも、やっぱり日本人なら伝統的な神前でしょう」とお考えの方も多いと思いますが、実は神前結婚式が始まったのは明治末のことでした。

明治以前の伝統は「人前結婚式」

明治時代以前、日本の結婚式といえば「人前結婚式」が当たり前でした。武士の世が長く続くなか、武家の風習が浸透して、女性が男性の家の一員になる嫁入り婚スタイルが一般化します。明治に始まった戸籍制度も、この嫁入り婚の考えに基づいています。結婚式（「祝言《しゅうげん》」と呼ばれました）は男性の家に女性が行くところから始まり、双方の家族を男性の家に集めて行われました。

しかも明治も終わりまでは、こうした場に神職を呼ぶことはありませんでした。結婚式に宗教色はなかったのです。「三三九度」などは日本古来の習慣や中国の思想が合わさったもので、古代から朝廷の儀式などとしてあります。「祝詞《のりと》」などはなく、時代劇などで見るように能の謡曲の「高砂《たかさご》」などがめでたい歌として歌われました。

お嫁さんといえば「角隠し」ですが、これも江戸末期以降広まった風習で、それ以前は「綿帽子」と呼ばれる綿を加工したものを頭に乗せていたそうです。

大正天皇の結婚式が話題に

こうした風習は、明治に入ってもしばらくは変わりませんでした。それが大きく変わるのは1900（明治33）年に大正天皇（当時は皇太子）の結婚式が行われてからです。この式は皇居の神前で夫婦の誓いを立てる形式で、皇室では史上初めて一夫一婦制を前提としました。明治天皇までは一夫多妻が当たり前であり、大正天皇も明治天皇も生母は皇后ではありません。制度上の側室制度が廃止されるのは昭和天皇の時代です。

「ひなまつり」の項でも説明しましたが、この当時、すでに新聞などのメディアが発達しており、大正天皇の結婚式の様子は大々的に報道されて国民の注目事になります。そして同じような結婚式を挙げたい、という機運が高まったのです。

神社が仕掛けた「神前式」が大人気に

これに目をつけた神宮奉斎会（今の東京大神宮）が、皇太子の婚礼にならった神前式の結婚式を考案し、1901年に模擬結婚式を開催、その普及を狙います。欧米では教会での結婚式が当たり前だったので、「なに？　日本って結婚の儀式もないの？」という欧米の目を意識したという側面もあるようです。

これが人気を呼んで、今の神前結婚式のもととなりました。東京大神宮は、最近では縁結びの神社として若い女性に人気ですが、これは神前結婚式発祥の地、というのがそもそものきっかけです。

こうして、その後は結婚式といえば神前、が当たり前になるのですが、実は神前式の考案より早く、仏前式という結婚式も考案されていました。1885年、立正安国会（今の国柱会）が始めました。これも一夫一婦制が前提で、国家の近代化に欠かせない、という考え方でした。仏教にも結婚のしきたりはなかったわけですね。

大披露宴は戦後の産物

ついでにいうと、結婚式のあとは披露宴というのが定番でしたが、この習慣は今や崩れつつありますよね。初めから披露宴というのが増えています。しかし日本の伝統は本来、この宗教色なしの人前式なので、いわば伝統に戻ったというわけです。

また昭和に流行った大規模な披露宴は、戦後になってからのものです。戦前や江戸時代の結婚式、祝言は両家のごく少人数が婿の家に集まるものでした。第一、何十人もの宴会ができる家なんてそうありません。

この大規模披露宴の普及には、東京オリンピックを契機にたくさんできたホテルが宴会場を使ってほしい、という理由や、石原裕次郎さんの結婚大披露宴が報道で話題になった、などいろいろ理由があるようですが、なにより高度成長で日本中が豊かになった、ということが大きいでしょう。

ということは、最近のジミ婚化はやはり、低成長時代を反映しているわけです。

お葬式

なぜ伝統的な「喪」＝「白」が「喪」＝「黒」となってしまったのか？

お葬式にどんな服を着ていきますか？　「黒い喪服に決まってるでしょう」と、みなさんおっしゃると思います。しかし日本の伝統的な喪服の色は、実は明治時代まで「白」でした。それが、国のお達しから「黒」に変わったのです。

明治政府が全廃した日本古来の礼服

時代劇などで見る死装束を思い出して下さい。みな白を着ているはずです。日本では本来「白」が喪の色なのです。時代劇で武士が切腹する場面では、みんな白い服を着ています。最近亡くなった歌舞伎俳優の葬儀でも、喪主の妻が白い和服を着ていました。古くからの伝統を守っているのですね。

「白」＝「喪」は中国や韓国でも同じです。逆に西洋では「黒」が喪の色でした。そう、

日本で黒が喪のイメージになるのは、西洋の文物が入ってきて以降なのです。

明治政府は西洋列強に追いつけ追い越せで、さまざまな習俗で西洋のまねをしました。諸外国との外交上の付き合いが始まると、その接遇の際の服装などで西洋のやり方をまねします。西洋では「黒」はフォーマル、礼服の色でもあります。

そこで明治政府は1872（明治5）年にそれまで儀式で使っていた直垂《ひたたれ》や狩衣《かりぎぬ》といった日本古来の服装を全廃し、公式行事には黒の大礼服、燕尾服を着るように定めました。

迷走し続ける「喪」の装い

政府関係の公的葬儀も大礼服などで参加することになり、1878年に暗殺された大久保利通の葬儀には、参列者はみな黒い服を着て出席しましたが、これは喪服としてというよりも、礼服として着るという意味でした。ただ喪章として、参列者は黒手袋、黒ネクタイを着用しており、「黒」＝「喪」という位置づけは当時すでに始まっています。

以後、岩倉具視（1883年）、三条実美（1891年）、有栖川宮熾仁親王《ありすがわのみやたるひと》（1895年）など、維新の功労者や皇族の国葬が行われるたびに会葬者の服装などが決められますが、黒手袋が白手袋に変わるなど、まだまだ定まらない面がありました。しかも国葬とはいっても参列者は上流階級に限られ、一般庶民には関わりなどありません。

その後、一般人にも「喪」＝「黒」が指示されたのが、1897年の英照皇太后（先帝孝明天皇の后、明治天皇の生母ではない）の国中喪のときでした。この際に、国民全員が30日間の喪に服するよう指示されたのです。

すると、ある新聞社が「上流階級の人間は燕尾服などを持っているが、一般庶民はそんなものは持っていない。葬列などに従いたい国民もおり、庶民が喪に服する際の礼服を定めるべきだ」と提言しました。

これに呼応して国民有志から、男子は羽織袴に白布、女子は白無垢などの提案がありました。しかし間もなく出された政府の「庶民喪服心得」では、有志らの「喪」＝「白」案を否定して、男子も女子も普通の正装に黒い布をつけること、などとされたのです。

このとき初めて国民は、政府の方針が「喪」＝「黒」になったことを知りました。

さらに、1912年に明治天皇が亡くなった際には、黒ネクタイが飛ぶように売れるなど、男性の間では喪服を黒にする動きが現れます。一方女性では、和服も洋服も女性用の服は高価だったため、すでに持っている白無垢を着る習慣が昭和戦前まで残りました。

意味合いが変わっていった「鯨幕」

また葬儀会場で使う黒白タテ縞の鯨幕も、先に紹介した英照皇太后葬儀後から国民に葬儀用の幕と受け止められるようになりました。

もともと黒白の幕は、皇室などでは慶事にも使っていました。今でも皇室の結婚関連行事などで使われる場合があります。伊勢神宮などの儀式でも使われており、清浄な場を外に見せない、という役割で使われるものなのです。

それが英照皇太后葬儀会場で使われたことで、先の黒喪章の指示と結びつき、一般庶民に「鯨幕＝葬式」と思わせるきっかけになったようです。

鯨幕は1909年の伊藤博文の国葬で使われ、1912年の明治天皇の葬儀でも使用されました。使った側は内側を隠す意図だったようですが、国民は〝葬儀会場の目印〟と受け取ります。明治天皇大喪の際、浅草では、ヨコ縞ですが黒白の幕が町中を覆いました。

こうして鯨幕は葬儀の場の幕となり、葬祭サービスが発達するにつれて、通夜や告別式に張られるものとなっていったのです。

暦の吉凶

そもそもの意味がまったく違っていた
現在もしぶとく生き残る迷信の真相

「結婚式は大安」「友引に葬儀はしない」という人は今でも多いと思います。これらは「六曜（ろくよう、りくよう）」と呼ばれるものですが、実は由来が不明で神仏とはまったく無関係なうえ、「仏滅」などは明治になってから、「仏」の字が当てられたものなのです。

「週」と同じような意味だった「六曜」

みなさん、うすうす迷信とは思いながら、「仏滅」や「友引」など「非常識と思われたくない」「周りが気にするから」と受け入れているのではないでしょうか？　日本的な「周囲と同じに」という感覚が存続させている悪習ですね。また、現実問題として仏滅や友引には結婚式場や葬儀場が営業していない、ということもあるようです。

六曜とは、先勝、友引、先負、仏滅、大安、赤口の順に日が巡るものです。「三国志で

有名な諸葛孔明が考え出した」というのは俗説で、中国の唐の時代にできたようです。もともとは1カ月（30日）を5等分してつけた名で、七曜（日月火水木金土）のような周期を測るものだったようです。つまり、週と同じですね。

ですから、ただの番号と同じで、本来、日にちごとに意味はないのです。さらに旧暦では1月・7月の1日は先勝、5月・11月の1日は大安というように、月日との関係が決まっていました。そのため江戸時代、1月11日は必ず大安、4月13日は必ず仏滅（当時の表記は物滅）など、毎年同じ日は同じ六曜だったのです。ところが明治に入り旧暦が新暦に変わると、人々は日付と六曜との関係性がわからなくなり、一見不規則に見えるようになったことから、六曜の神秘性が増したという見方もあります。

「物をなくすの気をつけろ」だった江戸時代の仏滅

そもそも日本に入ってきたのは、鎌倉時代から室町時代といわれています。しかし、このころの六曜は、各日の名前はもちろん順番も異なっており、「即吉」「共引」「周吉」「虚亡」「泰安」「赤口」という順だったといいます。今と同じ名は赤口しかありません。江戸時代に入ると「大安」「留連」「速喜」「赤口」「小吉」「空亡」と書かれた書物があります。

大安が出てきましたが順番が違います。

幕末になって、ようやく「先勝」「友引」「先負」「物滅」「大安」「赤口」と、今のものと似てきますが、「仏滅」はありません。同じ読みの「物滅」という日がありますが、江戸時代までは、この日は「物をなくすから気をつけろ」という日でした、それが幕末から明治にかけて、いつのまにか「仏滅」にすり替わり、「仏も滅するような大凶日」という意味に変わってしまったのです。友引も古くは「共引」、共に引き分けという意味で、凶事に友達を引き込むという意味ではなかったのです。

また、六曜が神道や仏教と関わったことは一度としてありません。むしろ浄土真宗などは、親鸞が「日の吉凶を選んではいけない」と言ったことなどから、強く否定しています。浄土真宗だけでなく、まともな神社やお寺であれば、たいてい六曜は「迷信です」と否定するはずです。

幻の暦「十二直」は消えてしまったのに……

それがどうして、これほど人々の生活を規制するようになったのでしょう。

江戸時代までの暦は六曜だけでなく、さまざまな迷信に基づいた「暦注《れきちゅう》」という、方位や運勢の吉凶を占う日で埋め尽くされていました。それが明治になり太陽暦を採用した際、「今後、迷信である暦注を暦に書くのは禁止」とされました。

しかし従来の習慣にこだわる人たちから、旧暦と六曜だけは残してほしいとの要望があり、暦の付録のような立場で細々と生き残ってしまったのです。

それが戦後、「明治政府の統制はすべてご破算」という意識から、民間の暦には一気に六曜が復活しました。

実は戦前は六曜よりも、「十二直《じゅうにちょく》」という暦注のほうが人気がありました。陰陽道《おんみょうどう》に由来しており、旧暦がわかれば日がわかるような単純なものではなく決め方が複雑だったのと、文字だけでは意味がわかりにくかったせいか、カレンダーにはあまり掲載されず、今ではほとんど知られていません。

最近では紙のカレンダーが減り、ネットのスケジュールなどへの移行が進んでいるため、六曜の意識はかなり減ってきていると思いますが、明治になってできたような根拠のない迷信で生活をしばるなど、早くやめたほうがいいですね。

本当の伝統的な日本家屋とは？

外国人が日本人の家に来て戸惑うのが、畳の上に靴を脱いで上がることだとよくいいます。しかし、この畳が一般化するのは、「正座」の項でも触れましたが江戸時代からです。

それまでは良くて板の間、庶民は土間の上で暮らしていました。畳は平安時代ごろにそれまでのゴザから進化して生まれました。初めは高貴な人のクッション、座布団、ベッドでしたが、室町時代ごろから武家の邸宅で敷き詰められるようになり、江戸の中期には一般化します。畳職人が誕生するのは江戸も後期で、国民全般に普及するのは明治に入ってからでした。

よく日本家屋を「紙と木の家」と言いますが、昔は紙も貴重品だったので、紙を多用する襖や障子が一般化するのは江戸時代中期以降です。生まれたのは平安時代以降の貴族の邸宅からで、昔は襖も障子も「障子」で、絵が描かれて部屋の間仕切りに使うのが襖です。

薄い紙を張って明かり取りに使える「明かり障子」の発明は平安末で、これによって風を防ぎつつ部屋を明るくすることができるようになりました。しかし、町人にまで普及するのは江戸時代になってからです。

瓦は古くからあるものですが、都市の建物の屋根も江戸初期まではほとんどが板屋根です。江戸幕府は防火の観点から瓦屋根を推奨しますがなかなか進まず、幕末ごろの日本橋を描いた「熙《き》代勝覧《だいしょうらん》」を見ると、ようやく瓦屋根が大部分になっています。しかし長屋などでは、まだまだ板屋根も多く、火事には無力でした。

ちなみに、江戸より前の時代の日本人の大半は、茅葺きや板屋根の密閉性の悪い家の、暗い湿気た土間の上に住み、寝るときにはわらを敷くぐらいで、肌触りの悪い粗い麻の服で過ごしていました。感覚的には縄文時代と大した差はありません。これでは健康によくないのは当然ですし、心もささくれそうですね。そんな劣悪な〝日本の伝統家屋〟が江戸時代を通じて徐々に徐々に変化していき、ようやく今につながる和風家屋が定番化していったのです。

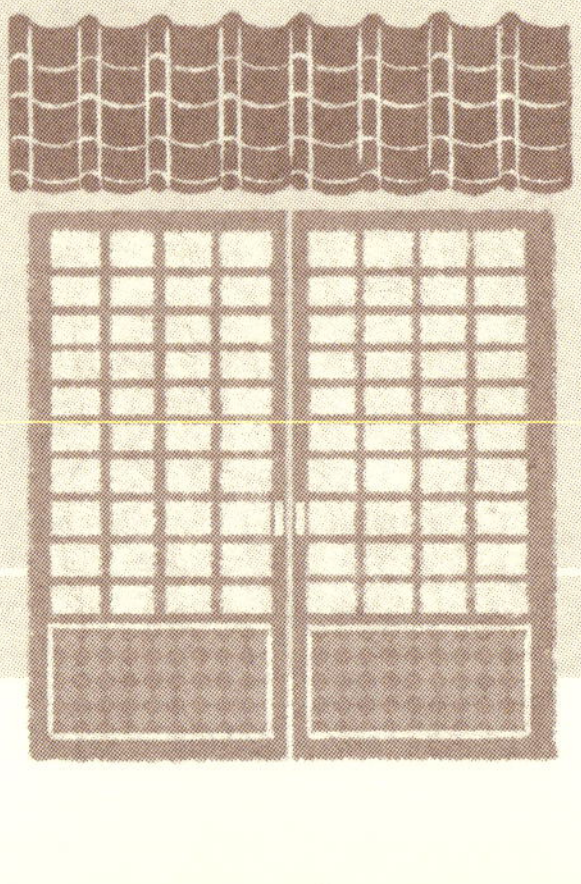

第4章

懐かしさあふれる風土と風習

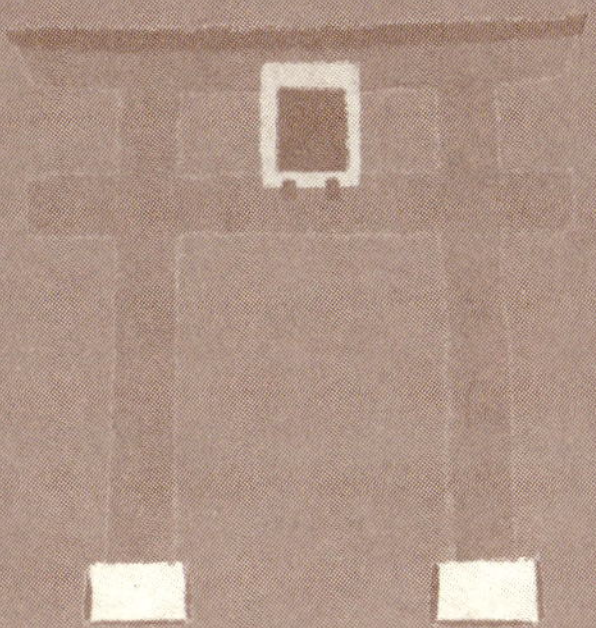

「バンザイ」

明治以降、珍騒動続きの喜びのパフォーマンス

「バンザイ」ってしますか？　私がバンザイをした記憶があるのは、ひいき球団が優勝したときと、同僚の転勤を駅で見送ったときですが、いずれも数十年前のことです（笑）。目にするのも国会の解散と選挙のときのニュース、それと皇居参賀のニュース映像ぐらいではないでしょうか？

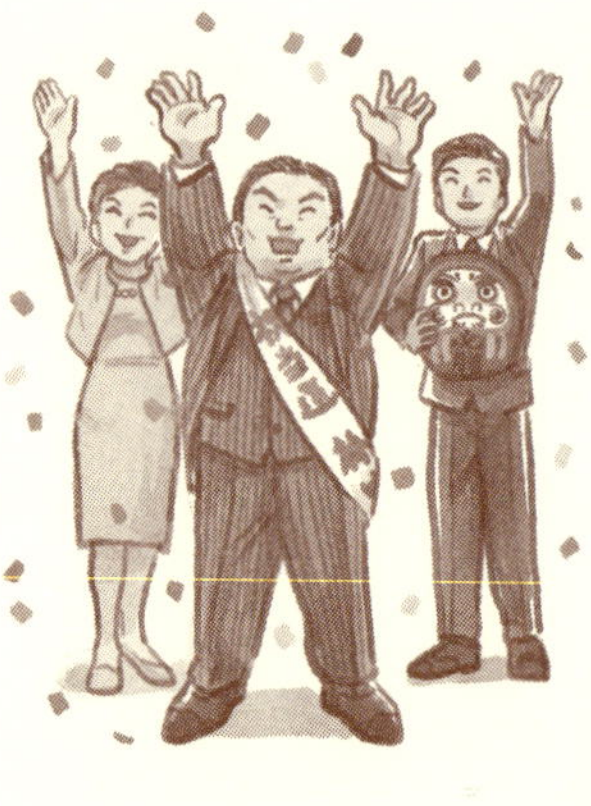

皇帝の長寿を祝った「まんざい」が起源

バンザイは「万歳」という漢字を当てます。しかし、これは「まんさい」か「まんざい」と読むのが普通です。実は、この語は明治以前にもあったのですが、「まんざい」と読んでいました。

「万歳」とは、もともとは中国に由来する皇帝の長寿を祝う「千秋万歳」という言葉の後

半のことです。古くから天皇の長寿を願うお祝いの言葉として使われることはありましたが、それを「バンザイ」とは読みませんでしたし、天皇の前で両手を挙げて三唱するなどということもありませんでした。

紆余曲折の「バンザイ」誕生

この語を「バンザイ」と両手を挙げて連呼するようになったのは、1889（明治22）年2月11日のことで、このように日付までわかっています。この日は大日本帝国憲法発布の日で、バンザイは明治天皇が記念観兵式に向かう際のお祝いの掛け声として発明されたものなのです。

当初は「『奉賀』と叫ぼう」との案がありましたが、「連呼すると『あほうが（阿呆が）』と聞こえる」という理由から取りやめになり、「万歳（まんざい、まんさい）」はどうか、と提案されました。「ただ『マ』は力が入らないから『バンザイ』にしよう」と決まったのです。

当日は三唱し、「万歳、万歳、万々歳」と叫ぶ予定でしたが、最初の一声で天皇の馬が驚いて止まってしまい、2回目は小声になり、3回目は言わなかったという笑い話があります。

このように本来は天皇に対するお祝いの言葉だったのですが、1897年の第11回帝国議会解散の際、なぜか「バンザイ」と発した者があり、それから国会解散時に叫ぶのが慣習になりました。一部の議員が景気づけで行ったようです。

その後はご存じのように、単に大勢で喜びやお祝いを表現するパフォーマンスになってしまいました。

偽「万歳三唱令」に振り回される人たちも

近年にも笑い話があります。

「バンザイ」のやり方には、実は公式な作法はありません。明治に発明されたときも、「両手を挙げてバンザイ」ぐらいしか決められませんでした。

ところが平成の世、1990年代になって「万歳三唱令」と題し、バンザイ作法の詳細を書いた偽の太政官令文書が出回ったのです。

これは実際の「バンザイ」発明より早い1879年4月1日施行と記されていて、バンザイのやり方が本物の太政官令そっくりの書式で書いてあります。布告の日付からしてエイプリルフールのいたずらとわかるのですが、実に手が込んでいて法律や役所の専門家が作ったもののようです。

あまりに精巧なので本物と信じ込む人も多く、なんとこれを真に受けて国会で質問した間抜けな議員もいました。当時の鳩山由紀夫首相のバンザイ所作が正式なものではない、と難癖をつけたのですが、答弁は当然「万歳三唱の所作については、公式に定められたものがあるとは承知していない」でした。

偽文書の細則には、バンザイは「両手を真上に上げると同時に右足を半歩踏み出す」とちょっとおかしなポーズが示してあり、普通なら「変だぞ？」と疑いそうなものですが、復古系団体や元国会議員などは未だに信じて、ブログなどで嬉々として写真まで掲げている人もいます。

「伝統」と思い込むと「決まりがあるはず」との固定観念が生まれ、伝統の理由や意味なども自分の頭で考えなくなり、結局恥ずかしいことになるという、いい例ですね。

大相撲

実は「国技」は単なる自称にすぎなかった！

「国技」といえば「相撲」、これ日本の常識ですね。でも柔道や剣道も日本独特のものだし、競技人口は柔道のほうが圧倒的に多いでしょう。しかし、そちらは「国技」とはいいません。なぜでしょう？

土俵は江戸時代に登場

相撲の歴史が古いのはみなさんご存じの通り、神話の世界からあります。その後は神事となって続きますが、力比べとしても日本中で行われていました。

江戸時代になると、なかでも力自慢のものが力士と称され、大名家にお抱えとなる者も出てきます。そして単に神事というだけでなく、特に江戸などで興行として人気を集めるようになったのです。

こうして相撲の職業化が進み「大相撲」が誕生しますが、相撲興行は幕府の寺社奉行が管轄し、その許可のもとに寺社の境内で行われていました。江戸では富岡八幡や蔵前八幡、そして両国の回向院が有名でした。

また江戸時代までは土俵はなく、取り組む力士の周りを観客が取り囲んでいましたが、プロ化が進むと観客のなかから取り組みを妨害する者が現れ、これを防ぐために立ち入り禁止の土俵ができたのです。

初めは柱をヒモで結んだリングのようなものでしたが、のちに四角く俵を埋めるようになり、江戸の中ごろに、今より少し小さい13尺（3・94メートル）の丸い土俵となります。さらに外側に15尺（4・55メートル）の現在と同じ大きさの土俵を二重に作り、昭和になって内側の土俵をなくして今の土俵になりました。

明治になると「裸体は諸外国に対しみっともない」との理由から禁止されそうになりますが、明治天皇が相撲好きだったことなどもあり存続します。そして1909（明治42）年に東京に常設の相撲競技場を建設する際に、その建物の名前を「国技館」と決めました。

板垣退助は不満だった「国技館」の名

「国技」という言葉を使ったのは、小説家で相撲好きだった江見水蔭《えみすいいん》という人です。江戸時代からの興行団体の流れをくむ東京相撲協会から、常設の相撲競技場を作った際の初興行披露文を依頼され、そのなかで「抑《そもそ》も角力《すもう》は日本の国技、歴代の朝廷之を奨励せられ」と書いたのが最初です。それ以前にも「国技」という言葉はありましたが、それは江戸時代に囲碁のことを指していっていました。そして、その披露文を読んだ協会の尾車文五郎《おぐるまぶんごろう》という役員が、「国技館」という名前を思いつくのです。

実は常設相撲競技場の名前は、建物が完成して開館式4日前になっても決まっていませんでした。大の相撲好きだった板垣退助が委員長となって話し合っていましたが、「尚武館」「相撲館」などさまざまな案が出ては紛糾していたのです。そこで命名は協会一任となり、「国技館」と決定しました。しかし板垣はこれに不満で「武育館」にすればよかった、などと新聞記者に愚痴を言いましたが、実はこの命名が大ヒットの要因となります。

名前の響きもさることながら、常設相撲競技場に「国技館」とつけたことで、「相撲は国技」という意識が一気に浸透しました。それまで幕府や天皇家や政府が、相撲を「国技」

と認めたことはありません。相撲界の〝自称〟がこうして定着したのです。

問われ続けるグレーな公益性

その後、やはり相撲好きの昭和天皇がまだ摂政のときに、下げ渡した奨励金から賜杯を作ろうということになりますが、一介の興行団体にすぎなかった東京大相撲協会が天皇家の紋の入った賜杯を使うのは恐れ多い、ということで財団法人化の話が持ち上がります。

本来ビジネスを行う興行団体が、公益性を求められ「営利を求めない」はずの財団法人になるのはおかしな話なのですが、1925（大正14）年の年末のどさくさに申請して許可を受けた、などといわれています。財団法人は税金面で優遇されていたので、他のスポーツからするとうらやましい話です。2014（平成26）年に公益財団法人化する際も、「大相撲のどこに公益性があるのか」と問題になりました。

この相撲協会の定款には「我が国固有の国技である相撲道」との条文があり、これが現在では相撲を「国技」と呼ぶ根拠になっています。しかし文章を読めばわかりますが、「国技」であるのは「相撲」一般であって、日本相撲協会、ましてやその運営する本場所で行われる相撲のみが「国技」というわけではないのです。

水田風景

江戸時代の「環境破壊」のおかげで生まれたのどかな田園風景

日本という国のことを、古くは「豊葦原瑞穂国《とよあしはらみずほのくに》」などと申しました。これは豊かな葦原の稲の実る国ということですね。しかし、この言葉から思い浮かぶ、どこまでも続く水田風景というのは、実は江戸時代になってから出現したものだったのです。そして、その結果起きた〝自然破壊〟を取り繕うために、「白砂青松」の海岸風景が生まれたのでした。

限られた適地でしか作れなかった稲

最近の研究では、日本での稲作は紀元前10世紀、3000年も前までさかのぼれるそうです。稲作が始まったことで食料の生産が増え、文明も起こり、日本という国ができあがったのは間違いないでしょう。天皇家の儀礼などでも稲作儀礼は大変重要な位置を占め、日本が瑞穂の国であったことは確かです。しかし、古代から国土の隅々まで水田が開かれ、

かなたまで広がっていたかというと実はそうではないのです。

江戸時代以前の稲作は、古代人の技術でも水を引ける稲作適地に限られていました。適度に傾斜があって水が豊富な土地で、山裾から川が流れ出す扇状地とか、小さな谷とか、少し起伏のある台地などです。どちらかといえば、山あいに近い場所でした。

今の穀倉地帯というイメージの平野部は、平らすぎて水を引いてこられなかったり、逆に大きな川が流れる湿地帯のような土地だったりしたため、水田にはできませんでした。日本の国発祥の地である奈良盆地も、古代には真ん中に大きな湖があり、そこへ流れ込む水を利用しながら周囲に水田を作って栄えたのです。

江戸時代に空前の開拓ブーム到来！

その状況が変わったのが江戸時代です。戦国時代が終わると平和になり、大規模な土木工事が可能になりました。城作りなどを応用した治水技術も進みました。

この結果、江戸時代前期に空前の水田開発ブーム、いわゆる「新田開発」が進み、それまで利用されていなかった平野部に一気に水田が広がりました。全国の大名家も、もう領地を広げることはできませんから、決められた領内で水田を増やすことに励みます。

こうして日本の土地の平らな場所には見渡す限り水田ができましたが、それは日本の原風景などではなく、江戸時代に作られたものなのです。まあ、もっともそれも都市近郊ではほとんどが宅地や産業用地になり消えてしまいましたが……。

江戸時代は〝自然破壊時代〟

しかし、この水田風景が生まれた結果、困ったことが起きました。大規模な自然破壊です。平らな土地を中心に、田んぼにできそうなありとあらゆる場所を水田にした結果、それまであった日本の森が大きく減ってしまったのです。

稲の生産を増やすには肥料が必要です。江戸時代初めごろは、草を刈って田の土に混ぜ込むことで肥料にしていました。また、田を耕すための牛馬のエサとしても草が必要でした。そのために多くの森の木が切られて草地にされ、草が刈られたのです。よく知られているように森には水を貯める能力がありますが、木が切られてしまった土地では大雨が降るとたちまち土砂が削られ、鉄砲水などが起こりやすくなってしまったのです。

あわてた幕府は、むやみに森の木を切らないようにお触れを出します。1666（寛文6）年の「諸国山川掟《しょこくさんせんおきて》」というものがそれで、草木を根まで取ってはいけない、木のないところには植林して土砂が崩れないようにしろ、森を焼いて畑にする焼き畑は禁止、といったことを定めています。それまでは、山の木は切ったら切りっぱなしでしたが、江戸時代から植林という発想が生まれたのです。しかし、いったん壊された森林はなかなか回復せず、山々の土砂がどんどん川に流出していきました。

砂の害を防ぐために松の防砂林が各地に

そして、流れ出た土砂は最後は海にたどり着き、海辺に堆積して砂浜となりました。土砂流出が増えた結果、江戸時代には砂浜が増えます。すると海辺の村では、風が吹くと砂の害に悩まされるようになります。

これを防ぐために各地で植えられたのが防風防砂林で、主に松が用いられました。今各地に残る美しい松原の多くは、人工のものなのです。たとえば佐賀県・唐津湾の「虹の松原」は、江戸時代初期に唐津藩が植林したものです。東日本大震災を生き延びた「奇跡の一本松」で有名になった陸前高田市の高田松原も、1667年から植え始められました。

江戸時代はエコな時代、自然をうまく利用した時代、などというイメージがありますが、その理由の大部分は貧しいからで、過度な自然利用を必死の努力で取り繕っていたのです。

神社

江戸時代以前にはなかった神道のシンボル

日本古来の「神道」。これぞ日本人の心を体現する文化、と考える方も多いでしょう。ところが、その神道の象徴ともいうべき「神社」が、実は江戸時代以前にはなく、明治以降に登場したものだ、といったらみなさん驚くでしょうね。

地名＋神様の名前が一般的だった

江戸時代以前の日本では、神と仏は分け隔てなく信仰されており、神社と寺の区別も曖昧でした。特に徳川幕府が僧侶に神社を管理させるようになってからは、その一体化が進みました。

大きな神社でも必ず「別当寺《べっとうじ》」という寺院が付属しており、その寺院を各宗派の傘下に収めることで、幕府が宗教施設を一元的に支配したのです。

そして江戸時代まで、神道の神をまつる社《やしろ》には、「〇〇神社」という名称はありませんでした。つまり、「神社（じんじゃ）」というもの自体なかったのです。

それでは神をまつる社を何と呼んでいたのか？　それは一律ではなく、個々の社の固有の名前で呼んでいました。

現在と共通する場合も多いのですが、たとえば「伏見稲荷大社」「北野天満宮」「鶴岡八幡宮」「金比羅大権現」「神田明神」といったように、それぞれの固有の名前で呼んでいたのです。神社という語はありましたが、これは「かむやしろ」と読み、個々の社名の末尾につけたりはしませんでした。

一般的には、神様がお稲荷さんだったら「稲荷社」、八幡様であれば「八幡宮」「八幡社」、天神様であれば「天満宮」「天神社」、山王権現であれば「山王権現社」です。

多くの場合、その神様の名前に社のある地名をかぶせていくわけです。「〇〇の稲荷の社」とか「〇〇の八幡の社」となります。

明治政府が改名を強要

こうした数百年、ときには１０００年以上もの伝統を無理矢理変えたのが明治維新です。

維新後まもなく、明治政府は全国の社に対し、基本的に「漢字二文字＋神社」という名前に変えるように命令を出します。

また、神仏習合を表す「権現」号は禁止。「宮」号も、祭神が天皇家の先祖である場合など、許可を得たもの以外は禁止などと定めました。

この結果「神田明神」は「神田神社」に、「伏見稲荷大社」はただの「稲荷神社」になってしまいます。「北野天満宮」なら「北野神社」です。

神仏習合の神は禁止なので、「牛頭天王社《ごずてんのう》」「第六天社」などは神名も否定されます。神社で祀る神は「古事記」「日本書紀」に載っているもので、その記載通りの神名にすること、とされました。

神社の格付けも政府の都合

また、よく目にする「社格」もこのときに再興します。「官幣大社《かんぺい》」とか「郷社《ごう》」といった社の格付けですね。平安時代に作られましたが、その後、事実上使われなくなっていました。

有名な神社の宮司さんが、「本来、神様に上下はありません」とお話しされていたのを聞いたことがあります。

至極もっともな話で、神様の格など、そのときの支配者の都合で上下がつけられているのですね。

このような政策を行ったのは、神社を通じて国家を統制しようという管理の面と、神仏習合を排して純粋な神道の国を作ろうという両面があったと思われます。

さらに明治政府は、山奥など管理が行き届かないところにある神社を大量に廃止します。1906（明治39）年に全国に20万あった神社のうち、7万社が廃止（合祀）させられてしまいました。

神も仏もその他もろもろも、すべて懐に受け入れる。そして自らのものとする。それが日本の国の古くからの良きお国柄だと思います。

欧米流の排除の論理である明治維新の手法は、まったく日本の伝統に反する行為だったと私は思います。

おみくじ

初詣の普及とともに始まった神社やお寺の余計な一手間

神社やお寺にお参りすると、おみくじを引く方も多いですよね。特に初詣など特別なお参りの際には、たくさんのおみくじが境内の木々にくくりつけられています。しかしこんな風景は、どうやら明治時代以前にはなかったようなのです。

天下の一大事だったおみくじ

そもそも、おみくじのあり方自体、昔と今ではずいぶん違います。今は個人の運勢などを占うために大勢の人がおみくじを引きますが、神前でのくじ引きが生まれた当初は、国家などの重大事で判断を迫られることについて神仏に意向を聞くというものでした。

それが鎌倉時代ぐらいになると、個人の行動についてくじで決める例が現れ始めます。

しかし、まだ今のような汎用性のある紙のくじなどはありません。判断を迫られた具体的な事柄を決めておいて、木の棒を引くなどして行動を決めたのです。

戦国時代、武田信玄は「敵を攻めたらよいか、今は待ったほうがいいか」を神仏の前のくじ引きで決めたことがあるそうです。このように個人とはいっても、ある程度の有力者が、その行動を決めるために仰々しく儀式を伴ってくじを引いていたのです。

天海僧正が広めた「元三大師御籤」

それが変わるのが室町時代ごろです。あらかじめ占いの内容が書かれた内容を引く、今のような形のおみくじが中国から伝わったのです。これは「天竺《てんじく》くじ」と呼ばれました。

さらに、それが一般化するのが江戸時代です。

「黒衣の宰相」として家康・秀忠・家光の三代の将軍に仕えた天海僧正が、「元三大師御籤《がんざんだいしみくじ》」というものを広めました。

これは体裁は天竺くじと同じですが、平安時代の天台宗の高僧、元三大師が作ったものを天海が発見した、との触れ込みで大変人気を呼びました。天台宗以外のお寺にも広まり、その場合「元三大師」ではさすがによろしくないので、「観音御籤」などと呼ばれました。

また、江戸時代は神社とお寺は一体ですので、神社にも置かれました。

やり方は、くじを引く人が筒などに入った1番から100番までの番号の書かれた棒を引き、同じ番号のおみくじをもらうというものです。これなら簡単です。今も、このようなおみくじを使っている神社やお寺がありますよね。

ただ、昔は紙が貴重なので、今のように小さなおみくじの紙をもらうのではなく、冊子に書かれた引いた番号に該当する内容を読んで、おしまいの場合が多かったようです。

また内容も難解でした。番号と「大吉」などのおおまかな吉凶がまず書かれていますが、中国から伝わったものがベースなので、次に「五言四句《ごごんよんく》」という20文字の漢詩が書かれています。その内容に従って、運勢の解釈も書かれているのですが、抽象的な内容も多く理解が大変でした。

また引く前にも作法があり、正式には引くのは依頼された僧侶で、お経を3回読み上げて、観音様の名前を333回唱えて、さらに33回礼拝するという面倒なものでした。

明治になってやっと紙でもらうおみくじに

さらに転機が訪れるのは明治維新です。明治維新後に「神仏分離」が行われ、神社で行われていた仏教的儀式はすべて廃止され、神道的なものに変えられました。おみくじも例外ではなく、神社では漢詩の「元三大師御籤」に代わって、和歌を書き込んだおみくじが使われるようになります。

さらに紙が安価になったので、引いた人が持ち帰る形式が普通になり、明治後期以降の初詣の普及とともに、おみくじは参拝した際の当たり前の習慣になったのです。

そして、そのころからおみくじを木に結ぶ習慣が自然発生的に始まりました。

これは、実は神社やお寺にとっては大迷惑な行為です。たくさんのおみくじが結ばれた木は、生長が妨げられて枯れてしまうのです。初詣などのあと、おみくじが木に鈴なりになりますが、しばらくするとなくなっているでしょう。これは木を守るために手間をかけて外されたからなのです。

どの神社やお寺でも、「引いたおみくじはどうしたらいいですか」と聞けば、「持ち帰って暮らしの指針にしてください」などと言うはずです。

しかし、神社やお寺側で「結ばないで」と掲示しても、結ぶ人があとを絶たないので、最近は「みくじ掛け」と呼ばれる、おみくじを結ぶヒモを張った場所を設けるところも多いですね。

「二十四節季」「七十二候」は何に由来しているの？

「旧暦」のコラムで紹介した太陰太陽暦ですと、お月様を見ればだいたい今日が何日かわかりますが、季節と「如月《きさらぎ》（2月）」「弥生《やよい》（3月）」といった月の名は年によってだいぶずれます。このため江戸時代以前の人は、「二十四節季」や「七十二候」を農作業などに役立てていました。

以前、こうした二十四節季、七十二候などをタイトルに入れた本が流行っていましたね。日本古来の伝統的生活に欠かせないキーワードといいますが、実は二十四節季も七十二候も、そもそも古代中国の気候を表現するものとして作られました。ですから、日本の気候とは合わない面も多々あります。

二十四節季ではまず、地球が太陽を1周するなかで決まっている春分・夏至・秋分・冬至を設けます（二至二分）。そして、この4つの日の中間が立夏・立秋・立冬・立春の日となります（四立）。こうした8つの日を「八節」といい、古代から重要視しました。

さらに、ほぼ45日になるこの八節の間を15日ごとに区切ったのが二十四節季です。中国の紀元前、漢王朝の時代にできました。呼び名もほぼ変わっていません。

日本の太陰太陽暦では、二十四節季の「雨水《うすい》」を含む月を「正月」と決めました。ですから1月1日は太陽暦的には毎年違う日ですが、必ず新月でした。たまに立春が旧暦の新年と勘違いしている人がいますが、そうではありません。だいたい立春前後になりますが、一致する日はそうないのです。

また閏月は1年の最後ではなく、二十四節季のうち「中気」という種類の節季がない月を閏月とし、前の月名に「閏」をつけました。

さらに二十四節季を5日間ごとに区切ったのが「七十二候」です。日本では唐代の暦をもとにした七十二候を使っていましたが、日本の気候風土に合わないものも多いのでしばしば改訂され、現在一般的な「本朝七十二候」が決められたのは1874（明治7）年です。新しいですね。

また梅雨や台風の来る日本の気候に合わせ、日本独自に決められたのが雑節で、八十八夜、入梅、半夏生《はんげしょう》、節分、土用などがあります。やはり中国の気候に基づいた二十四節季や七十二候だけでは不都合だったのでしょう。中国には梅雨もありませんし、中国の暦が主に作られた場所である華北には台風も来ませんからね。

日本人を象徴する独特の美意識

第5章

時間に正確

外国人もあきれるほどルーズだった日本人の時間認識

「日本人は時間に厳格」というのが、たいていの方の自画像ではないでしょうか。新幹線をはじめとした鉄道ダイヤの正確さが、その好例としてよく挙げられます。しかしその性格は、明治以降に作りあげられたものだったのです。

時間の単位は季節によってまったく違っていた！

幕末に長崎の海軍伝習所で勝海舟らを指導したオランダ人、カッテンディーケは、「日本人の悠長さといったらあきれるくらいだ」「日本人は交渉が始まろうとするのに、いつまでも座り込んで喫煙したり、あたりを眺めたりしている」と嘆いています。

この方は別に日本人が嫌いなわけではなく、むしろ非常に日本びいきのまま帰国するのですが、それでも「日本人は時間や約束にルーズで仕事が思うように進まない」と感じて

いました。

江戸時代の日本人が時間にルーズだったというのは、この人だけの見方ではなかったようで、多くの外国人が「日本が文明国になるとは思えない」などとの評を残しています。

しかし、ご先祖様たちを弁護していえば、これは仕方ありません。だって、江戸時代の日本人は、誰一人として時計を持っていなかったのですから。

江戸時代の時間の単位は「一刻《いっとき》」で、だいたい2時間といわれます。なぜ「だいたい」なのかというと、江戸時代の日本は不定時法で、夜明け前30分から夕暮れ後30分までを6等分して、それを一刻としていたからです。

春分や秋分のころは昼夜とも一刻はほぼ2時間ですが、夏至のころだと昼の一刻はやたら長く2時間30分ほど、夜は1時間30分しかありません。冬至はその逆です。一刻よりも短い時間の呼び方もありましたが、一番短くて「四半刻（約30分）」です。

現代からすると、時間の長さが季節や昼夜で違ったり、時間単位が最小30分なんて考えられませんよね。これで不便はなかったのでしょうか？　なかったのですね。不定時法がいいのは、太陽の方角がわかればだいたい時間がわかる点です。江戸時代、多くの旅行者は紙で作られた携帯日時計を持っていました。

江戸時代は日が昇れば仕事をし、落ちればおしまい。しかも働く日はとても少なかったようで、これで「時間に厳密に」と言われても逆に困ります。

軍隊と学校で植えつけられた時間意識

しかし明治維新後、少しずつ時間観念の定着が図られます。

まず大事なのは時計の普及です。時計がなければ時間の守りようがありません。明治末年には8割方の家庭に時計があり、1割強が時計を携帯していたと推計されています。

また、鉄道の普及も影響大です。最初の鉄道ができた際、列車出発時刻の5分前で、駅は立ち入り禁止になりました。最小単位が30分だったのが、5分を守らなければ列車に乗れなくなりました。〝大進歩〟です。

学校での教育も始まります。学校には始業10分前には来ていること、といった規則が決められました。当初は時刻を知るのも大変だったと思いますが、とにかく、守るべき時間が決められたのです。さらには軍隊です。進軍、攻撃の時間が正確に守られなければ負けてしまいます。近代的軍隊作りが、一番切実に時間観念を必要としたのかもしれません。

もっとも鉄道は、明治の終わりごろでも10分、20分の遅れは当たり前で、1時間以上の遅れなどもしばしばありました。これは、事故などの技術的な問題というより、乗務員の意識の問題でした。工場などでも遅刻・欠勤は当たり前。特に夏は暑いので3割以上も欠勤したり、給料日には100%近く出勤するのに翌日は2割も欠勤といった状態でした。

「日本人は時間に正確」はたかだかここ50年の話⁉

こうした状態を改善しようと、工場では皆勤制度ができたり、1920（大正9）年には「時の記念日」が決められて、時間を守る生活が推奨されました。

しかし結局、時間厳守が徹底されてくるのは、戦争が激しくなって、それでなくては国が滅ぶと上からは強制され、下はおびえるようになってからのようです。

1964（昭和39）年の東京五輪ポスターを作ったデザイナーの亀倉雄策が回想しています。「東京オリンピック以前の日本人は時間にはルーズだし、会議には遅れてくるのが当たり前だった。日本人は時間を守るとか団体行動に向いているというのは嘘だ。どちらも東京オリンピック以降に確立したものだ。みんな、そのことを忘れている」

高度経済成長以降、経済優先の世相のなかで日本人の時間厳守が定着したのでしょうか。だとしたら、日本人はそれで幸せになったのでしょうか。

きれい好き

日本は一体いつから清潔、きれいな国になったのか？

幕末の日本を訪れた外国人の多くが、日本人の清潔好きを称賛しています。「江戸の街はゴミ一つ落ちていなかった」ともいわれます。今も外国人旅行客がきれいな町の様子を賞賛していますが、さて「清潔」は、本当に日本の伝統なのでしょうか？

明治維新後に悪化した東京の衛生環境

ヨーロッパの大都市と比較すると、江戸の街は清潔だったようです。衛生上もっとも問題だった人間の排泄物が、江戸では完璧に処理されていたのが理由です。江戸のトイレはくみ取り式で外には流さず、すべて近郊農家が買い取って肥料にしていました。

その清潔さは、明治維新の近代化で改善したのでしょうか？　いえいえ逆です。むしろ悪化しました。

明治時代になると幕府の規制がなくなったため、東京の住民の飲み水であった玉川上水の管理がおろそかになりました。1879（明治12）年には、東京市民の飲み水は「薄いおしっこである」とある学者に指摘されます。お上のご威光がなくなったとたん、ゴミを捨て、糞尿を流し、果ては身投げの名所にまでなってしまったのです。

また江戸の人口が激減するなどして、人肥回収システムが壊れてしまいます。西洋のまねをして下水道を作りますが、これは今のように汚水処理などしないため、むしろ川や海への垂れ流しが増えました。

こうした影響か、1879年、1886年のコレラ流行では全国で10万人以上が亡くなります。また赤痢は常に流行し、明治後半には毎年のように1万～4万人もの人が亡くなっていました。

さすがに東京では1898年に淀橋浄水場が完成し、このあとコレラの大流行はなくなります。しかし、今度は結核が問題になってきます。産業が発達してくると、地方から大都市に多くの労働者が呼び寄せられますが、彼らはぎゅうぎゅう詰めの家に住まわされ、その結果、特に東京は結核の大発信地となったのです。栄養状態が良くなかったのも大きな理由です。

1910年、東京では、ほぼ1000人に4人が結核で亡くなるという蔓延ぶりでした。1896年、樋口一葉、1902年、正岡子規、1908年、国木田独歩、1912年、石川啄木と多くの有名人も結核で亡くなっています。

改善を阻んだ日本人の衛生道徳

結核は空気感染が疑われており、1904年にできた規則では、痰唾は公共の場では痰壺に吐くように決められていましたが、当時の日本人はまったく守りませんでした。

戦前来日した外国人記者が「痰壺はそこに備えつけてあるのに、そのなかへは吐かずに、（列車の）床板の上に吐き出すのです」と批判しています。これでは結核は減りませんね。

しかも、痰唾だけではありません。1926（大正15）年の東京の新聞に「男湯では10人のうち3人まではお尻を洗わないで湯ぶねにドンブリ入り、前をゴシゴシこすり、背中を縦横に流す」と書かれています。これでは病気が蔓延するのも仕方ありません。

街の道路はゴミのポイ捨てだらけ。立ち小便し放題。川もゴミだらけでした。幕末にあれほど褒められた日本人のきれい好きは、どこへ行ったのでしょう？　推測では、江戸時代の暮らしは私的空間だけで「パブリック」スペースがなかった。しかも、明治以降の市民社会において、公の場をきれいに保つという意識が育たなかった、と考える人もいます。

東京五輪で一気にうわべをきれいに

では、日本人の衛生観念は、どこで変わったのでしょうか？　それは1964年の東京五輪です。五輪に向けて東京では、新幹線や首都高などさまざまなインフラが作られましたが、そうしたハード面だけでなく、風紀面の向上も図られました。

「外国人に恥ずかしいものは見せられない」。なんだか明治維新のころから進歩していないように思いますが、この当時も「恥ずかしいもの」を徹底的に消そうとしたのです。

痰唾吐き、立ち小便、ランニングやステテコで出歩くなどはやめるよう周知され、野犬狩りや、国立競技場近くでの連れ込み旅館（今でいうラブホテル）の撤去、皇居外苑での夜のカップルなども摘発されました。

軒先のゴミ箱は撤去され、おなじみのポリバケツが登場し、ゴミ収集の日に出すようになります。ゴミ収集車は250台も増強されましたが、このとばっちりで、かつて「くず屋」と呼ばれたゴミ収集人が2000人も失業したそうです。

2020年の東京五輪まで4年。今度はどんな「恥ずかしいもの」をなくすのでしょう。

もったいない精神

なぜ、「もったいない」の意味が「倹約」だけになってしまったのか？

「もったいない」という言葉は、いまや「MOTTAINAI」という国際語になっています。環境にやさしい生活を実践する標語のような感じですね。しかし、ものを大事にする、節約する、倹約するという側面が強調され出すのはつい最近なのです。

ノーベル平和賞受賞者が広めた「MOTTAINAI」

「MOTTAINAI」は、ノーベル平和賞を受賞したケニアの環境保護活動家ワンガリ・マータイさんが世界に紹介したことで、有名になりました。彼女は2005（平成17）年に日本を訪れた際にこの言葉を知り、初めは「wasteful」（無駄にしている）と訳していましたが、これでは「もったいない」のなかに含まれている自然への敬意などが伝わらないと、日本語の音そのままの「MOTTAINAI」を紹介し、世界共通の言葉にしよう

としました。

多くのものに「もったいない」と感じることで、環境にやさしい生活の原則である「3R」(リデュース=削減、リユース=再使用、リサイクル=再生利用)に加え、ものへのリスペクト(=敬意)が生まれる、というのがマータイさんはじめ外国人の受け止め方です。

日本では1982(昭和57)年に「もったいないお化け」という公共広告が登場します。これは「食べものの好き嫌いをして残すのは『もったいない』」という子ども向けのものでした。つまり単純に「節約・倹約」ではないですね。「(食べ)ものを大事に」という教育です。2004年からは、絵本の『もったいないばあさん』がシリーズ化されますが、これは環境問題にややフォーカスした「もったいない」です。

しかし、このように「もったいない」を環境保護や倹約といった場面でのみ使うようになるのは、実は最近のことだったのです。

そもそも「もったいない」の「もったい」って何?

「もったいない」は、「もの」だけでなく「機会」を逃すことについても使いますよね。「仕事のチャンスを逃してもったいない」とか。漢字では「勿体ない」と書きますが、では「勿体」とはなんでしょう？　そして、それが「ない」とは、どういう状態なのでしょう？

「勿体」とはもとは仏教用語であるといった説があります。「もののあるべき姿」「本質」「大事な部分」といった意味で、そこから転じて江戸時代には「外見や態度の重々しさ」「態度や風格」といった意味になり、歌舞伎の台詞にも使われるようになりました。「もったいをつける」とか「もったいぶる」は、この用法ですね。

それが「ない」ということは、「妥当でない」「不届きだ」といった意味になり、さらに「自分には不相応である」、あるいは「粗末に扱われて惜しい」などと意味が広がっていきます。

今も、何か立派なものをもらうときに謙遜して「私にはもったいない」などと使いますよね。さらに「もったいないお言葉」などのように、感謝の意味もニュアンスとしてあります。

「もったいない」とは、そうした幅広い意味を持つ言葉だったのです。

戦前の「国民精神総動員」で「倹約」に焦点

それが「節約・倹約」の部分だけがクローズアップされるようになるのは、日中戦争が激しくなる1937年に、「国民精神総動員運動」が始まってからです。

これはすべての資源を戦争に投入するための運動で、「欲しがりません勝つまでは」「ぜいたくは敵だ！」などの標語や、パーマの自粛、日の丸弁当の奨励、国民服やもんぺの着用などが推進されました。

そして、「『もったいない』を生活実践へ」「お国の役に立つものを自分が持っているのはもったいない」などと使われ、ものを節約、倹約して、金属回収などを進めて戦争に勝つことに国民意識を集中させようとしたのです。ただ、この「もったいない」には、まだ「分不相応」という意味も残っています。

さらに、戦後も物資の欠乏から、ものを倹約、節約する意味での「もったいない」意識は強く残り、現在につながっていきました。そこに海外の人が、注目するようになったわけです。

今、「MOTTAINAI」運動のサイトなどを見ると、環境問題などのことしか書いてありません。しかしそれだけでは、「もったいない」の使い方として、それこそ「もったいないなぁ」と思います。

「お疲れさま」

芸能界と深〜くつながる正体不明のねぎらいの言葉

2015（平成27）年の夏、タモリさんがテレビ番組で、「乱発はおかしい」と発言して話題になった「お疲れさま」。似たような言葉に「ご苦労さま」があります。両方とも日本語の変化、というか混乱を象徴する言葉になっています。

「お疲れさま」って言ってもいいかな！

タモリさんのテレビでの発言は、「最近は子役がみんな『お疲れさま』と言う。これは目上の者が目下に言う言葉で、子役が使うのはおかしい。禁止すべき」というものです。最近のビジネスマナーサイトなどの多くは、「ご苦労さま」は目上から目下、「お疲れさま」はどちらでも可としていることが多く、波紋を生みました。

日本では、ねぎらわれるのは目下の者で、目上の人を下からねぎらうのは失礼という意

識があり、これが言葉遣いにも反映されています。となると、「お疲れさま」も「ご苦労さま」も日本的な上下関係からすると、部下や年少者が上司や年長者に使うのはおかしいということになるのではないでしょうか。

しかし、この辺の歴史をさかのぼって調べるのは難しい面もあります。というのは、おそらく古い時代になればなるほど、「お疲れさま」や「ご苦労さま」をあいさつとして使っていることはなかったと思われるからです。

これらの言葉は、一般的に職場で使うあいさつです。明治時代、ましてや江戸時代に職場という概念が果たしてあったのか、共同作業という意識がどれだけあったのか、はなはだ疑問です。

お殿様が家臣をねぎらうなら「大儀であった」でしょう。商家のあるじが使用人には何と言っていたか？　当たり前の仕事をこなしたなら何も言わないでしょうし、特別褒めることがあれば「でかした」とかでしょうね。

天皇陛下に「ご苦労さま」と言った元総理も

「ご苦労さま」は、何か特別な役割に対して上下関係は抜きにしてねぎらうニュアンスがあり、最近でも天皇陛下に元総理大臣が「ご苦労さま」と発言している事例などもあって、一概に目上から目下とも言い切れません。

「朝のお勤め、ご苦労さまです」という政治家の街頭演説の定番フレーズなども、聞いたことがあるでしょう。

ただ、この言葉は「ご苦労」と「さま」抜きで言い切った場合、ちょっと偉そうなニュアンスが出てきます。いずれにしろ、江戸時代ごろからは使われていた、ねぎらいの言葉です。

一方の「お疲れさま」はやや軽く、肉体的に大変だった場合に使うように感じます。遠方からの出張で帰社したら「お疲れさま」。職場で「お先に失礼します」と言われたら、やはり1日の疲れをねぎらって「お疲れさま」ですよね。

どうやら、この「お疲れさま」という言葉は、明治ごろの歌舞伎などの芸能界で使われ始めた新しい用法のようです。江戸っ子のエッセイスト矢野誠一氏は、敗戦直後、隣家の俳優、長谷川一夫邸で交わされた「お疲れさま」を、「山の手では使わない言葉」と書いています。

「おはようございます」の代わりが「お疲れさま」⁉

「お疲れさま」が一般に普及したのは、やはり芸能関係からという説があります。テレビ局などで、以前は深夜の仕事でも「おはようございます」と言っていました。

しかし、「それはおかしい」ということで、「お疲れさまです」が取って代わったというのです。

タモリさんは、その辺の根の浅さを感じ取ったのかもしれません。また問題の根本は、職場のなかで上下関係なくねぎらい合う適切な日本語がない、ということにあるともいえます。

しかし最近のビジネスマナー指南は、こうした背景や歴史を切り捨てて形だけを根無し草的に押しつけている気がします。要は心がこもっていれば、「お疲れさま」でも「ご苦労さま」でも伝わるのではないでしょうか。タモリさんも、あいさつの形骸化に対し「カチン」ときたように思います。

夫婦の形

夫婦同姓は西洋化政策の一環で夫婦別姓こそ日本の伝統だった……

2015(平成27)年12月、最高裁が「夫婦は同じ姓でなければならない」という民法の規定を合憲と判断しました。ただし判決は、「夫婦別姓を否定したわけではない」とも言っています。

その夫婦別姓に反対する人の多くは、「日本の伝統的家族制度を壊す」と主張していますが、いや、あの、明治半ばまでは夫婦別姓こそ日本の伝統だったんですけど……。

父の姓を尊重した東アジア

みなさん思い出してください。鎌倉幕府を開いた源頼朝の妻は……「北条政子」ですよね。「源政子」じゃありません。室町幕府の足利義政の妻も「日野富子」です。二人とも大河ドラマの〝主人公〟に選ばれました。

そもそも江戸時代以前、武士や貴族以外の大多数の一般人には「姓」がありませんでしたし、姓がある武士や貴族でも、結婚して相手の姓を名乗るということはなかったのです。中国や朝鮮半島では今でも夫婦別姓ですが、これは父親の権威を重視する儒教的な価値観が反映されています。「父の姓を変えるとはけしからん」ということなのです。

日本でも江戸時代以前はそのような意識でした。「結婚してもご先祖様の名前は尊重する」というのが東アジアの伝統です。

ころころ変わった名字

江戸時代のころは女性の公的地位が低く、実は名前すらはっきりしません。豊臣秀吉の妻は「お寧《ね》」なのか「寧々」なのか。徳川秀忠の妻は「お江《ごう》」「お江与《えよ》」「小督《おごう》」など、さまざまな名が残っています。それでも記録に残す場合は、父の姓から「浅井氏女《むすめ》」などと書かれたように、父親の姓を重視していました。

また江戸時代以前は「姓」と「名字（苗字）」は別物で、名字は一生のうちでも頻繁に変えられました。桂小五郎が木戸孝允になったりしていますよね。また「姓」は結婚しても変わらないのですが、名字は夫のものにしたり、実家のものにしたりさまざまで、決まりはなかったようです。

夫婦の姓の問題が起きるようになったのは、明治になって戸籍制度ができ、国民全員が名字を持つことが許されてからの話です。

明治政府も当初は「夫婦別姓が伝統」としていたが……

この戸籍制度自体、実は世界的に特異なものです。「戸」という家族集団を社会の最小単位とする考えは中国発祥で、以前は東アジア諸国に広がっていましたが、制度として残っているのは中国と日本だけです。

しかし中国では戸籍は一般人が見ることはできず、実質的になくなっています。また韓国では、2008年に戸籍制度を廃止しました。

世界的に国民の登録は個人単位で行うのが普通で、いまだに「家」制度の〝残りかす〟がある国家は日本だけなのです。

日本では、1872（明治5）年に戸籍制度が作られ、その後、1875年に全国民が名字（苗字）を名乗ることが義務づけられます。

このとき、結婚している女性の名字をどうするか、という問題が起きるわけですが、なんと明治政府は「妻の氏は『所生ノ氏』（＝実家の氏）を用いること」という命令を1876年に出します。つまり最初の戸籍制度では、日本の伝統通り「夫婦別姓」だったのです。

ところが1898年に制定された民法では一転、「夫婦同姓」となります。当時の国家制度のお手本にしていたドイツの法制度にならったのですが、これは国民管理の都合によるものでしょう。

いわば西洋化政策の一環で、今では伝統とされる夫婦同姓が決められたのです。

現状をまったく表していない「入籍」という言葉

これに対し、「日本の伝統に反する」と強い反対（！）が起きました。このため政府は「戸主制度」というものを考えます。戸主＝家父長です。そのうえで「妻ハ婚姻ニ因リテ夫ノ家ニ入ル」との文言を入れ、新たにできた「家」に入るのだから姓が変わっても伝統に反しない、という理屈で押し切りました。こうして妻は夫の姓になることが強制されます。

戦後の民法改正では、戸籍は戸主中心の家単位ではなく個人単位になりましたが、夫婦と子という単位は維持されました。

ここで勘違いしている人も多いのですが、妻は夫の戸籍に入るわけではありません。結婚の手続きをした方はご存じのはずですが、戸籍は結婚の際、新しく作るのです。ですから「入籍」という言葉はおかしいのです。言うとしたら「創籍」でしょうか。このあたり、相変わらず「入籍会見」などという言葉を使い続けているメディアの責任も大きいと思います。

戦後の民法改正で、戸籍を作る際、戸籍名に夫婦どちらかの姓を選べるようになりましたが、同姓でないといけないというしばりがあります。ですから、妻の姓でもまったくかまわないのですが、現実にはほとんどの人が夫の姓を名乗りますよね。

男が結婚して妻の姓を名乗ると、「どうしたの?」と思われる社会の偏見も問題の背景にあります。

しかし、たかだか100年ほどで「姓を変える」ことが伝統なのか、あるいは伝統でないのか、180度変わってしまったわけで、改めて「伝統」などというものは、人々の意識のなかでは、実にいい加減なものだということがよくわかります。

おなじみのことわざの意外な起源

日本古来かと思いきや、実は明治維新以降に日本語に翻訳されたということわざは、たくさんあります。伝統意識などそんなものなのですよ。以下に見ていきましょう。

二兎を追う者は一兎をも得ず

If you run after two hares, you will catch neither.

ヨーロッパでは広く知られ、古代ギリシャの格言がルーツです。教科書にも載った結果、大正ごろには東洋の格言と勘違いされるほどになりました。

一石二鳥　**To kill two birds with one stone.**

これは幕末に入ってきたようですが、一般化するのは大正時代以降です。「一石をもって二鳥を殺す」という訳が省略されて「一石二鳥」となったようです。

艱難汝を玉にす　**Adversity makes a man wise.**

直訳すれば「逆境は人を賢くする」ですが、国定教科書に採用され、〝日本的刻苦努力〟の格言となりました。

溺れる者はわらをもつかむ　**A drowning man will catch at a straw.**

明治になって海水浴という習慣が始まり、「溺れる」ことが身近になったのが広まる理由の一つだったといいます。江戸時代の人間は普通泳げませんでしたから。

大山鳴動して鼠一匹　**The mountain is in labor and bringing forth a mouse.**

もとはラテン語です。イソップ物語の一つの話から訳されたものです。

鉄は熱いうちに打て　**Strike while the iron is hot.**

ヨーロッパでは「機会を逃すな」という意味ですが、日本では教科書に採用され、「若いうちに苦労させろ」といった教訓的意味が付加されてしまいました。

以上です。まさに「目からウロコが落ちる」ような感じでしょうか?

あ、これも、

The scales fall from one's eyes.

聖書の翻訳ですね。なにごとも思い込みは禁物です。

あとがき

さていかがでしたか?
「目からウロコ」落ちましたか?
「へぇぇ」という驚きの連続でしたらうれしい限りです。

私は、よく見かける「日本人のDNAに刻まれた」という言い回しが大嫌いです。日本人の考え方や立ち居振る舞いが、本当にDNAのなかに書かれていると考えている方は、いないとは思います。たとえとして使っているのだとは思います。

しかし、そのように言ってしまうことで、日本人であるというだけで、今の日本人の生活習慣や考え方が身についてしまうような安易な考えに陥っている気がしてなりません。

そうではないのです。今、私たちが暮らしているすべてのことが、先人のさまざまな工夫や、悩みや、喜びの結果であって、日本という場所に人間が住み始めて以来の歴史の積み重ねの結果なのです。「歴史人口学」という学問を打ち立て、江戸時代の「勤勉革命」論で知られる歴史学者の速水融《はやみあきら》氏は次のように言っています。

「一国の国民が勤労的であるか否かということは、超歴史的な〝国民性〟で証明できるものではない。やはりそれは歴史の所産であり、日本について言うなら、それは17世紀以降、現在に至る僅僅数百年の特徴なのである」

「日本人って勤勉だよね」などと何事もないように言ってしまいますが、それは日本人だから勤勉なのではなく、近々の歴史の帰結で、たまたま今「勤勉」なのであって、将来も「勤勉」かどうかはわかりません。それは、第5章の「時間に正確」などの項を見れば、よくわかります。

同様に「伝統」などというものは実にあやふやで、この本で見てきたように実に移ろいやすいものだということがおわかりいただけたら幸いです。

ただ、そうは言いつつも日本の歴史の大きな特質を私なりにあえて言えば、それは「どんどん変わり続ける」「常に新しくなる」ことだと思います。いつの時代も新しいものを外から取り入れ、咀嚼《そしゃく》し、自分たちのものとして発展させてきたのが日本ではないでしょうか。

たとえば、私たちの文字は、もとはといえば中国の文字です。日本語の単語の半分くらいは「漢語」＝「中国語」です。今はカタカナ言葉が氾濫していいます。眉をひそめる人も多いですが、そのように新しい言葉をどんどん取り入れるのが日本の「伝統」なのです。

日本の野菜のほとんどは外来でした。もとは外国のことわざもたくさんあります。「和食」なんて幻想です。世界中の食のいいとこ取りが「日本食」なのです。

明治維新は国全体での西洋化で弊害も多々ありましたが、日本はそれを成し遂げました。クリスマス、バレンタインデー、ハロウィン、なんでも来いです。神仏習合はいい伝統だったのですが、やや忘れられています。

「伝統」を墨守するのは日本のお国柄ではありません。新しいものへの「寛容」こそ、日本のお国柄です。最近、そうしたお国柄を忘れたような世相になっているのが私は心配です。「日本は素晴らしい」「伝統を守れ」……。しかし、新しいものへの好奇心、寛容さを忘れては、日本の未来はないと思います。

この本を読んで、日本の多くの「伝統」が新しいことにがっかりした人がいたら、それは悲しむべきことではないと言いたいです。「伝統」が新しいのは、決して悪いことではないのです。それを「進取の気性に富む」と言います。それでこそ日本だと私は信じています。

参考文献
第1章
三角海苔おにぎり『日本人と食べもの』（田村真八郎、丸善ブックス）／**1日3食白いご飯**『娯楽の江戸江戸の食生活』（三田村鳶魚、中公文庫）／**お寿司**『すしの歴史を訪ねる』（日比野光敏、岩波新書）、『すし図鑑』（藤原昌高、マイナビ）／**ラーメン**『ラーメンの語られざる歴史』（ジョージ・ソルト、国書刊行会）／**「いただきます」**『文化としてのマナー』（熊倉功夫、岩波書店）／**コラム**『野菜の博物学』（青葉高、講談社ブルーバックス）
第2章
初詣『鉄道が変えた社寺参詣』（平山昇、交通新聞社新書）／**お花見**『ねじ曲げられた桜』（大貫恵美子、岩波書店）／**盆踊り**『盆踊り乱交の民俗学』（下川耿史、作品社）、『夜這いの民俗学・夜這いの性愛論』（赤松啓介、ちくま学芸文庫）／**お彼岸**『「お墓」の誕生死者祭祀の民俗誌』（岩田重則、岩波新書）／**年賀状**『年賀状の戦後史』（内藤陽介、角川oneテーマ21）／**除夜の鐘**『江戸町人の研究〈第6巻〉江戸の除夜の鐘について』（浦井祥子、吉川弘文館）
第3章
住まい『住宅政策のどこが問題か』（平山洋介、光文社新書）／**正座**『日本人の坐り方』（矢田部英正、集英社新書）、『正座と日本人』（丁宗鐵、講談社）／**寝具**『苧麻・絹・木綿の社会史』（永原慶二、吉川弘文館）／『木綿以前の事』（柳田国男、岩波文庫）、『寝所と寝具の文化史』（小川光暘、雄山閣BOOKS）／**洗濯**『電気洗濯機100年の歴史』（大西正幸、技報堂出版）／**神前結婚式**『文化としてのマナー』（熊倉功夫、岩波書店）／**お葬式**『明治新政府の喪服改革』（風見明、雄山閣）
第4章
大相撲『相撲、国技となる』（風見明、大修館書店）／**水田風景**『江戸日本の転換点 水田の激増は何をもたらしたか』（武井弘一、ＮＨＫブックス）／**神社**『神々の明治維新』（安丸良夫、岩波新書）、『神社に秘められた日本史の謎』（新谷尚紀、洋泉社）／**おみくじ**『一番大吉！おみくじのフォークロア』（中村公一、大修館書店）、『神さまが嫌う最悪参拝仏さまが喜ぶ最良参拝』（大野出、講談社+α新書）
第5章
時間に正確『遅刻の誕生近代日本における時間意識の形成』（橋本毅彦・栗山茂久編著、三元社）、『TOKYOオリンピック物語』（野地秩嘉、小学館）、『長崎海軍伝習所の日々』（カッテンディーケ、平凡社）／**きれい好き**『昔はよかったと言うけれど戦前のマナー・モラルから考える』（大倉幸宏、新評論）、『歴史人口学で見た日本』（速水融、文春新書）、『講座 文明と環境〈第7巻〉人口・疫病・災害』（速水融・町田洋編、朝倉書店）／**もったいない精神**『ごみと日本人』（稲村光郎、ミネルヴァ書房）／**「お疲れさま」**『考証要集 秘伝！NHK時代考証資料』（大森洋平、文春文庫）／**コラム**『ことわざの謎 歴史に埋もれたルーツ』（北村孝一、光文社新書）

［著者略歴］

黒田 涼（くろだ・りょう）

作家・江戸歩き案内人。1961年生まれ。神奈川県出身、1985年早稲田大学政経学部卒。大手新聞社で記者を16年務めるなど編集関係の仕事に携わったのち、現代東京に残る江戸の姿を探し出すおもしろさに目覚め、2011年に作家として独立。「江戸歩き案内人」としてガイドツアー講師などの活動も行っている。NHKはじめテレビ・ラジオ、新聞、雑誌などの各種媒体に多数登場している。「江戸城天守を再建する会」会員。ベストセラーとなった『江戸城を歩く』（祥伝社新書）をはじめ、『江戸の大名屋敷を歩く』（祥伝社新書）『東京名所 今昔ものがたり』（祥伝社黄金文庫）『大軍都・東京を歩く』（朝日新書）など著書多数。

facebook : http://www.facebook.com/ryo.kuroda.96

亀丘桃花（かめおか・とうか）

イラストレーター。1993年、大阪府生まれ。成安造形大学イラストレーション領域卒業。動物や人物をメインに色彩豊かなイラストを制作。書籍、ポストカードのイラストレーション制作、自主制作イラスト集の発行、アートイベント参加をメインに活動中。

web : http://takaosport.tumblr.com

美しいNIPPONらしさの研究

2016年4月5日　　第1刷発行

著　者　黒田 涼

発行者　唐津 隆

発行所　株式会社ビジネス社

〒162-0805　東京都新宿区矢来町114番地 神楽坂高橋ビル5F

電話　03(5227)1602　FAX　03(5227)1603

http://www.business-sha.co.jp

〈印刷・製本〉中央精版印刷株式会社

〈装丁〉大谷昌稔　〈DTP〉茂呂田剛（エムアンドケイ）

〈編集担当〉大森勇輝　〈営業担当〉山口健志

ISBN978-4-8284-1873-5

日本人が知らない日本の道徳

田中英道……著

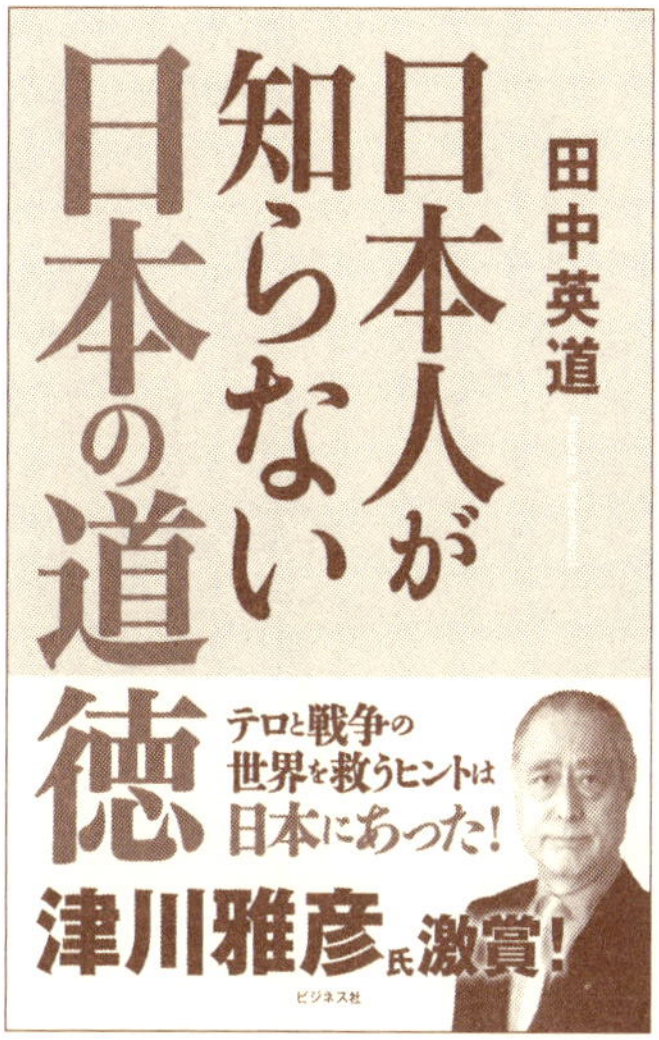

定価　本体１３００円＋税
ISBN978-4-8284-1864-3

津川雅彦氏激賞！

テロと戦争の世界を救うヒントは日本にあった！


縄文の自然を畏敬する精霊信仰や生きとし生きるもの全てに命が宿り神が宿る「命の平等」から一万六千年を経て、自然に基づく日本の道徳観がいま！西洋で注目されているという。

自然の朝昼夕夜、春夏秋冬が繰り返す規律性。自然の極み、自然の怒りに人間の小ささ、儚さ、情の多様さを映しだし、時には人間を叱り、時には優しく包み込む「愛」を感じながら、日本人は大自然から道徳を学んで来たのだと深く納得させられた。

（津川雅彦氏推薦文）

本書の内容